KB202277

철학자 예수
ON JESUS

On Jesus

1st Edition

Douglas Groothuis

© 2014 Cengage Learning Korea Ltd.

Original edition © 2003 Wadsworth, a part of Cengage Learning.
On Jesus, 1st Edition by Douglas Groothuis
ISBN: 9780534583941

This edition is translated by license from Wadsworth, a part of Cengage
Learning, for sale in Korea only.

For permission to use material from this text or product, email to
asia.infokorea@cengage.com

ISBN-13: 979-11-5558-001-1

Cengage Learning Korea Ltd.
Suite 1801 Seokyo Tower Building
133 Yanghwa-Ro, Mapo-Gu
Seoul 121-837 Korea
Tel: (82) 2 322 4926
Fax: (82) 2 322 4927

Cengage Learning is a leading provider of customized learning solutions
with office locations around the globe, including Singapore, the United
Kingdom, Australia, Mexico, Brazil, and Japan. Locate your local office at:
www.cengage.com/global

Cengage Learning products are represented in Canada by Nelson
Education, Ltd.

For product information, visit **www.cengageasia.com**

Printed in Korea
1 2 3 4   17 16 15 14

철학자 예수

더글러스 그루타이스 지음 | 이경직 옮김

ON
JESUS

연암사 CENGAGE Learning·

Andover · Melbourne · Mexico City · Stamford, CT · Toronto · Hong Kong · New Delhi · Seoul · Singapore · Tokyo

철학자 예수

초판 인쇄 2013년 8월 25일
초판 발행 2013년 8월 30일

지은이   더글러스 그루타이스
옮긴이   이경직
발행인   권윤삼
발행처   도서출판 연암사

등록번호   제10-2339호
주소   121-826 서울시 마포구 망원동 472-19
전화   02-3142-7594
팩스   02-3142-9784

ISBN 979-11-5558-001-1 93100

값은 뒤표지에 있습니다. 잘못된 책은 바꾸어드립니다.

연암사의 책은 독자가 만듭니다.
독자 여러분들의 소중한 의견을 기다립니다.
트위터   @yeonamsa
이메일   yeonamsa@gmail.com

이 도서의 국립중앙도서관 출판시도서목록(CIP)은
서지정보유통지원시스템 홈페이지(http://seoji.nl.go.kr)와
국가자료공동목록시스템(http://www.nl.go.kr/kolisnet)에서 이용하실 수 있습니다.
(CIP제어번호: CIP2013014871)

목차

한국어판 서문

『철학자 예수』(On Jesus)가 한국어로 번역된다는 사실을 알고서 매우 기뻤습니다. 특히 덴버신학교에서 한국인 동료, 정성욱 박사와 사랑하는 여러 한국학생들을 알게 되고 높이 평가한 이후라 그런지 더욱 그러합니다. 그리고 최근 몇십 년 동안 한국에서 기독교가 많이 부흥하기도 해서 이 책이 나오는 시점이 아주 적기라는 생각을 했습니다. 그리하여 이 책에 나오는 "예수와 기독교에 관한 철학적 논의"가 한국과 그 외 지역의 한국 독자들 사이에서 지혜롭게 이루어지기를 기대해 봅니다. 하지만 독자 여러분들이 그리스도의 제자들인지 아닌지는 아무런 상관이 없습니다.

이 책에서 활용된 문화적 언급들 중 일부는 미국 문화에만 해당되는 것일 수 있지만, 『철학자 예수』에서 제기되는 본질적인 문제들은 미국에만 해당되는 것이 아니라 시대를 초월한 불변의 것입니다. 예수가 다른 문제들은 인간들에게 언제나 공통적으로 해당되는 것들인데, 철학자들은 이 문제들을 형이상학과 인식론, 도덕의 문제로 분류해 왔습니다. 예수를 대부분의 철학자들과 구분하는 것, 하나는 그의 정체성을 다루는 형이상학입니다. 여러 세대에 걸쳐 성경과 기독교 신조들, 정통은 나사렛 출신의 이 선지자가 인간이자 하나님이라는 주장을 고백해 왔고, 옹호해왔습니다. 두 본성을 지닌 하나의 인격이라는 주장입니다. 따라서 『철학자 예수』에서는 이 중요한 주장을 조금 더 자세하게 논의합니다.

만일 제가 처음부터 이 책을 한국 독자들을 대상으로 썼다면 저는 예수의 가르침들을 불교와 유교의 가르침들과 비교하고 대조하는 작업을 추가했을 것입니다. 그러나 유교의 여성관의 영향을 받아 교회 내에 남성 리더십만 인정하고 있는 한국의 현실을 고려한다면, 많은 한국인들은 7장 "예수의 여성관"이라는 장을 통해서도 일부 지적(知的)으로 자극받을 것입니다. 세심한 한국 독자 여러분들이 예수의 철학과 정체성을 조금 더 한국적 맥락 속으로 들여가기를 바랍니다.

끝으로 이 책이 좀 더 많은 한국 그리스도인들에게 도전을 주어 철학적 소명의 길로 들어서기를 바랍니다. 예수는 그들의 모델이자 영감이 되는 분입니다. 예수가 말하듯이, "네 마음을 다하고 목숨을 다하고 힘을 다하고 지성을 다하여 주 너의 하나님을 사랑하라"(「마태복음」, 22장 37-38절; 「이사야」 1장 18절).

더글러스 그루타이스

옮긴이의 말

미국 덴버신학대학원 철학교수인 더글러스 그루타이스 박사의 『철학자 예수』(On Jesus)를 처음 알게 된 것은 우연한 일이었다. 해외방문을 할 기회가 있을 때마다 근처 대학교의 구내서점을 방문하곤 하는데, 약 9년 전 미국 LA지역을 방문했을 때 아주사퍼시픽대학교(Azusa Pacific University) 구내서점에서 이 책을 처음 접했다. 학부 1, 2학년 학생들에게 기독교를 객관적 시각에서 소개하는 대학 강좌에서 이 책이 교재로 사용되고 있다는 이야기를 듣고 곧바로 구입했었다. 이 책을 그동안 눈여겨본 내가 번역작업까지 맡았다는 것은 기쁜 일이 아닐 수 없다.

많은 사람들이 존경하는 예수는 석가와 공자, 마호메트, 소크라테스와 더불어 세계 5대 성인으로 꼽는다. 그만큼 사랑을 받는 분이지만 예수를 대하는 태도와 평가가 매우 다양한 만큼 아직까지도 논쟁거리는 많이 있다. 그중 하나는 대다수의 사람들이 예수를 이성이나 철학과는 무관하다고만 생각하고 있다는 것이다. 예수를 비이성적인 종교가로만 여기는 일부 왜곡된 시각을 바로잡기에는 이 작은 책자만으로 역부족일 수도 있다. 하지만 기독교를 알지 못하는 사람들이 예수의 삶과 사상을 쉽게 만날 수 있는 좋은 철학 입문서이기 때문에 인류 문화와 역사에 지대한 영향을 준 예수가 인생의 근본 물음들에 대해 어떤 대답을 제시했는지를 배우는 것은 예수를 종교적 신앙의 대상으로 여기지 않는 사람들이라 할지라도 의미 있는 일이 될 수 있을 거라 생각한다.

저자가 이 책의 1장에서 언급하듯이 "철학자 예수"라는 표현은 많은 사람들에게 낯선 표현일 것이다. 예수를 종교적 신앙의 대상으로 삼는 사람이나 그러지 않은 사람 모두 "종교"를 "비이성적이고 초월적인 것"으로만 이해하는 경향이 있기 때문이다. 그러나 저자는 종교가 비이성적이고 초월적인 측면뿐 아니라 이성적이고 내재적인 측면까지도 품고 있다고 주장한다. 또한 예수가 인류 문화와 사상에 큰 영향을 끼쳤기 때문에 현대 사회와 문화를 이해하기 위해서는 예수의 사상과 철학을 알 필요가 있다. 이 책이 인류 역사에 영향을 준 철학자들을 소개하는 "워즈워드 철학자" 시리즈의 하나로 기획된 이유도 아마 바로 여기에 있을 것이다. 저자는 예수의 삶과 가르침을 철학적 시각에서 제시함으로써 오늘날 사람들이 예수의 생각을 좀 더 쉽게 이해하도록 도와준다. 이 책에서 저자의 관심은 예수 그리스도의 삶이나 기독교의 역사에 있지 않고 예수의 철학에 있다.

2장에서는 예수를 역사의 인물로 다루는 논의들을 검토함으로써 전체적인 논의에 필요한 기초로 삼는다. 여기서 저자는 신약성경의 복음서가 역사의 예수를 왜곡시키기는커녕 제대로 전달하고 있다고 주장한다. 그는 복음서가 기록된 과정을 검토하며 복음서를 영지주의 문서와 같은 신약성경 외의 자료들과 비교하고, 이를 통해 예수의 삶과 가르침에 대해서 철학의 시각에서 묘사할 수 있는 근거를 신약성경의 복음서에서 찾는다.

3장에서는 예수가 논리와 합리성을 무시하지 않았음을 잘 보여준다. 예수는 당대의 종교지도자들과 논쟁하고 대화하는 과정에서 뛰어난 논리적 능력을 보여주었다. 저자에 따르면 복음서에 나타난 예수는 이성적 추론을 거부하고 맹목적인 신앙만 가지라고 외치는 분이 아니라 증거를 통해 자신의 주장을 뒷받침한다고 말한다.

4-6장에서는 철학의 세 분야, 형이상학과 인식론, 윤리를 중점적으로 다룬다. 예수가 각 분야에 대해 품은 생각을 그의 삶과 가르침에 따라 풀어놓는다. 유신론과 인간관, 역사와 사후 삶에 대한 견해, 실재의 본성에 대한 예수의 생각을 중심으로 예수의 형이상학을 제시하고, 경험적 증거와 논리적 모순율을 어떤 주장의 진리 여부를 검사하는 기준으로 예수의 인식론을 말한다. 그리고 실천적 삶에서 구현되는 건전한 기독교 세계관이 예수의 철학에서 나온다고 주장한다.

7장에서는 현대의 중요한 문제 중 하나인 여성 문제와 관련하여 예수가 여성에게 얼마나 큰 가치와 존엄을 부여했는지를 설명한다.

마지막 장인 8장에서 '예수가 누구인가' 라는 물음의 의미를 밝힌다. 여기서 저자는 예수의 부활이 실제 역사에서 일어난 사건이라는 주장과, 예수가 하나님이라는 주장을 옹호하기 위해 여러 가지 논증을 제시한다. 대부분의 장(chapter)들은 예수를 철학자로서 다루고 있지만 8장에서만큼은 예수의 정체와 십자가 죽음, 부활이라는 주제가 철학의 범위를 넘어서고 있음을 저자도 인정하며 판단은 독자의 몫으로 남겨두고 있다.

『철학자 예수』는 예수의 가르침을 통해 기독교 세계관의 철학적 근본을 드러낸다. 동시에 예수가 다른 모든 철학자와 근본적으로 다름도 보여준다. 단순히 그동안의 선입관으로 기독교를 더 이상 이성적 작업과는 관계없는 종교로만 오해하지 않기를 바랄 뿐이다. 기독교 신앙이 있건 없건 기독교 철학의 근본 문제를 확인하고 인류의 문화와 사상에 많은 영향을 끼친 기독교가 철학적 문제들에 대해 어떤 입장을 취하는지 배울 기회가 되길 바란다. 그리고 신학이나 기독교철학을 공부하는 학생들에게는 기독교와 예수에 대해 좀 더 객관적인 정보를 얻을 수 있는 좋은 안내서가 될 것이다.

이 책이 번역되기까지 많은 분들의 도움이 있었다. 먼저 이 책의 번역 저작권 문제 때문에 어려움을 겪을 때 적극 도와주신 덴버신학교의 그루타이스 교수와 정성욱 교수에게 감사드린다. 저자인 그루타이스 교수는 한국어 독자를 위한 서문과 읽을거리를 새롭게 만들어 주었다. 또한 출판계의 어려움에도 불구하고 책 자체의 가치를 보고 선뜻 출판을 결정한 연암사 권윤삼 대표와, 꼼꼼하고도 정성스럽게 편집을 해준 연암사 편집부에도 감사의 마음을 전한다. 연구년을 통해 이 책의 번역이 가능하게 해주신 백석대학교와 설립자 장종현 박사님의 배려에 깊이 감사드린다. 아버지 하나님의 사랑이 무엇인지를 삶으로 가르쳐 주신 아버지께 건강과 평화를 주시길, 하늘 아버지께 간구하면서 이 번역서를 바친다.

Soli Deo Gloria.

2013년 여름 방배동 연구실에서

이경직

서문

　예수에 관한 새롭고 논쟁적인 책들이 쏟아지는 시기에 굳이 왜 예수에 관한 또 다른 책을 써야 하는가? 『철학자 예수』는 예수의 철학적 주장들을—예수의 세계관과 논증방법들을—살펴볼 것이다. 하지만 많은 경우, 이상하게도 예수의 이러한 면은 문헌들에서 잘 다루어지지 않는다.

　『철학자 예수』는 "그리스도의 삶"이나 기독교의 역사가 아니다. 이 책은 예수에 관해 새로운 관점을 전개하지도 않으며, 다른 사람들이 예수에 관해 한 말에 초점을 두지도 않았다. 예수가 어떤 다른 인물일 수 있다 하더라도, 이 책은 예수를 성실한(bona fide) 철학자로서만 연구한다. 이 주장이 분쟁의 소지가 있어서, 제일 먼저 1장에서 이야기하려 한다. 이 책은 적절한 구약성경 구절과 그 밖의 신약성경 구절들도 여럿 언급하지만, 4복음서에 기록된 예수의 가르침을 중점적으로 다루고 있다. (예수의 삶에 대한 설명 가운데 상당수가 하나 이상의 복음서에서 이야기된다. 나는 하나의 가르침이나 사건을 언급하는 구절들을 모두 나열하기보다는 하나의 설명만 대표적으로 인용한다. 성경은 포괄적 언어 새국제판(New International Version Inclusive Language)에서 모두 인용한다.)[1] 복음서들 외에 (영지주의 글들과 같이) 사용할 수 있는 다른 예수 자료들이 있기 때문에, 그리고 많은 사람들이 복음서들의 역사적 신뢰성을 의문시하기 때문에, 한 장을 할애해서 정경복음서들의 역사적 진실성에 관해 다룰 것이다. 그리고 예수에 관한 여러 논의를 성경학자들과 신학자들이 사용하는 범주에 따라서가 아니라 철학적이고 윤리적인 범주들에 따라 배열하기도 하고 예수의 세계관을 철학에서 다루어지는 영원한 논쟁들과 현대적 논쟁들과 연결하기도 한다. 마지막으로, 나는 예수가 자신에 관해 한 논쟁적 주장들을 검토하고, 우리가 그 주장들을 어떻게 이성적으로 평가할 수 있을지를 논의한다.

친절하게도 이 책을 집필하라고 제안한 다니엘 콜락(Daniel Kolak) 박사에게 감사의 마음을 전한다. 제임스 사이어(James Sire) 박사와 데이비드 베르테르(David Werther) 박사, 고든 루이스(Gordon Lewis) 박사, 크레이그 블롬버그(Craig Blomberg) 박사의 의견에도 감사하는 바이다. 마지막으로 모든 장을 꼼꼼하게 다듬어준 아내 레베카에게 가장 깊은 감사를 표하며 그녀에게 이 책을 바친다.

---

1) 옮긴이 주 : 1984년 판 NIV를 포괄적 언어(inclusive language)로 개정한 번역본이다. 여기서 포괄적 언어란 남성 중심의 언어를 피하고 양성을 모두 포괄하는 언어를 뜻한다. 가령 남성 중심의 언어로 여겨지는 chairman을 chairperson으로 번역함으로써 남성과 여성을 포괄하는 언어가 되도록 한다. 이 번역본에서는 꼭 필요한 경우가 아닌 경우에는 영어본을 번역하기보다 개역개정판을 사용했다.

Chapter 1

예수는 철학자이었는가?

ON
JESUS

1999년 공화당 대통령 선거의 토론 초기에 사회자가 질문을 했다. "좋아하는 정치철학자는 누구입니까?" 조지 부시(George W. Bush)는 "예수 그리스도입니다. 그분은 제 삶을 바꾸었기 때문이죠"라고 짧게 대답했다. 그의 대답은 동료 후보자들과 사회자, 청중을 어리벙벙하게 하지 않았지만 놀라게는 했다.

철학적 차원에서 볼 때 우리는 부시 후보자가 실수했다고 말할 수 있을 것이다. 부시는 그가 철학자 예수에 관해 다른 철학자들보다 무엇을 높게 평가했는지를 규정하지 않았다. 도리어 그는 예수를 그가 좋아하는 철학자로 선택한 것을 종교적으로나 신앙적으로 정당화했다.

부시의 짤막한 재담(才談)에 대한 반응은 정치적 지형도에 따라 다양했다. 부시의 반응은 그저 뻔뻔한 일이었는가 아니면 경건한 자세였는가? 그렇지 않다면 부시의 반응은 진지하고도 천진스럽게 겸손한 고백이었는가? 또는 비록 그 반응이 진지했을 수 있어도 그 상황에 부적절하기만 했는가? 어쨌든 간결하지만 논란을 일으킨 부시의 대답은 대체로 대중매체에서 완전히 회피되지 않는 경우 좀 더 깊은 질문을 낳는다. 예수가—비록 다른 어떤 분이었다 할지라도—진정한(bona fide) 철학자이었는가? 그 대답이 긍정적이라면, 이와 연관되는 다른 여러 종류의 질문들이 나타난다. 예수는 어떤 종류의 철학자였는가? 예수는 무엇을 믿었으며, 왜 믿었는가? 예수의 철학은 다른 철학자들의 철학과 어떻게 관련되는가? 예수의 철학 작업이 오늘날의 철학적 논쟁들에 기여하는가? 그리고 철학자라는 직업은 도대체 무엇인가?

예수와 철학자들

아직도 예수는 정치적 의견이든 그 밖의 다른 의견이든 영향력 있는 의견을 강력하게 나타내는 상징이다. 일부 십 대들은 "예수라면 어떻게 하실까?"(What Would Jesus do?)를 나타내는 WWJD라는 머리글자가 새겨진 팔찌를 끼고 다닌다. 십 대들이 예수를 예수의 성품과 통찰 때문에 따라야 하는 도덕적 모범, 이상적(理想的) 도덕 행위자로 여기고 있음이 여기서 드러난다. 토마스 아 켐피스(Thomas á Kempis)가 영적 헌신에 대해 쓴 중세의 고전적 텍스트 『그리스도를 본받아』[1]에 동일한 관점이 표현되어 있다.

---

1) 옮긴이 주 : Thomas á Kempis, *The Imitation of Christ*, Ignatius Press, 2005(『그리스도를 본받아』, 유재덕 옮김, 브니엘출판사, 2008).

오늘날 일부 사람들이 예수의 본질적 철학을 알고 있다고 주장하며, 그 철학을 대중의 의견을 열거하는 데 사용한다. 동물보호단체(People for the Ethical Treatment of Animals, PETA)가 2000년에 캠페인을 시작하면서 예수가 채식주의자라고 주장했다. 후광 대신 오렌지 조각이 둘러싸는 예수를 그린 초상이 그들의 광고 가운데 하나로 등장한다. 그 광고에 다음과 같은 자막이 나온다. "자비를 베풀어라. 채식주의자가 되어라." 유월절(逾越節)을 기념한 한 옛 유대인(예수 - 옮긴이)이 채식주의자였다는 주장은 매우 그럴 법하지 않다. 그럼에도 불구하고 그 캠페인은 사람들이 예수의 견해를 중요하게 여기고 있음을 보여준다.

정신이 있는 사람이라면 나사렛 예수가 모든 영역에서의 인간의 노력에 지구적이고 역사적이며 영원하게 끼친 영향을 의문시할 수 없다. 존경받는 역사가 야로슬라프 펠리칸(Jaroslav Pelikan)이 서구문화에 끼친 예수의 영향만 국한해서 다룬 한 연구에서 다음과 같이 썼다.

사람들이 예수에 관해 개인적으로 무엇을 생각하거나 믿는지와 무관하게 나사렛 예수는 거의 20세기에 걸친 서구 문화사에서 우뚝 솟은 인물이었다. 일종의 강력한 자석을 사용해서 적어도 예수의 이름의 흔적을 지닌 금속조각을 서구문화사로부터 모두 떼어낼 수 있다면, 얼마나 많은 것이 남을 수 있겠는가?[2]

---

2) Jaroslav Pelikan, *Jesus through the Centuries: His Place in the History of Culture*(New York: Harper and Row, 1985), 1.

지난 수십 년 동안 기독교 신앙은 서구가 아닌 개발 도상국에서 가장 폭발적으로 성장했다. 게다가 예수의 영향이 서구에 국한된 적이 없었다. 헤겔(Hegel)의 표현을 빌리자면, 예수는 "세계사적" 인물이었다. 예수의 삶이 세계 전역에서 여전히 빛나고 울린다.

　그런데 이 이야기 중 어느 것도 우리가 당면한 질문에 직접 대답하지 않는다. 예수가 철학자였는가? 대부분의 철학 참고문헌들이 예수를 언급하지 않은 것으로 보아 그 문헌들이 예수가 철학자가 아니라고 생각하고 있음이 분명하다. 이를테면 오랫동안 표준적인 참고문헌인 『철학대사전』(Encyclopedia of Philosophy, 1967)에 "예수"(Jesus)나 "그리스도"(Christ)라는 표제어가 없다. 최근에 나온 사전으로 매우 존중받는 『루트리지 철학대사전』(Routledge Encyclopedia of Philosophy, 1998)도 "예수"나 "그리스도"라는 표제어를 담고 있지 않지만 "부처"(Buddha)에 관한 표제어는 담고 있다. 미국 기독교철학회(Society of Christian Philosophers)의 규모와 영향력이 최근 기독교철학이 재기하고 있음을 증거하지만, 이조차도 "예수"나 "그리스도"라는 표제어가 분명히 빠져 있다는 사실을 거의 고려하지 않는 것 같다.[3] 칼 야스퍼스(Karl Jaspers)가 『위대한 철학자들』(The Great Philosophers, 1957)의 얇은 첫 권에서 예수를 (소크라테스와 부처, 공자와 함께) 담고 있지만, 이것은 드문 사례이다. 앞으로 살펴보겠지만, 야스퍼스는 예수를 고전적 의미의 철학자로 평가하지 않았다.

---

3) 이 운동에 대해서는 Kelly James Clark, ed. *Philosophers Who Believe*(Downers Grove, IL: InterVarsity Press, 1993) 참조(국내에는 양성만 번역으로 『철학자들의 고백』 (살림, 2006)으로 출판되었다 - 옮긴이).

예수는 모든 종류의 철학자들과 사상가들(아우구스티누스, 안셀무스, 아퀴나스, 파스칼, 키에르케고어 등)에게 확실하게 영향을 끼쳤다. 그리고 무수히 많은 사상가들이 예수에 관해 철학(어떻게 예수가 신(神)인 동시에 인간일 수 있을까?)을 했다. 그런데 이 사실만으로 예수가 철학자가 되는 것은 아니다. 철학자 아우구스티누스가 그의 경건한 어머니 모니카(Monica)의 영향을 크게 받았지만, 그렇다고 해서 모니카가 철학자가 되는 것은 아니다.

사람들이 어떤 종교에 헌신한다고 해서 이 물음에 대해 반드시 선험적으로 대답해야 하는 것은 아니다. 사람들은 예수를 성육신하신 하나님으로 예배할 수 있지만, 예수가 철학자라는 생각에 대해 당혹해하거나 불쾌하게 여길 수도 있다. 사람들이 "사도 바울이 철학자를 경계했던 것이 아닌가?"라는 반박을 할 수도 있다. 이 반박은 "헛되고 속이는 철학"에 대해 경고하는 「골로새서」, 2장(8절)에 대한 특정 해석에 근거를 둔다.

그러나 철학 자체(per se)를 두려워하지 않는 사람들마저도 예수를 철학자로 규정하는 데 대해 이의를 제기할 수도 있다. 개신교 철학자 고든 클라크(Gordon Clark)가 실제로 최근의 모든 철학사(哲學史)와는 다른 방향으로 나아가는데, 그는 한때 인기를 끌었던 철학사 책 『탈레스에서 듀이까지』(Thales to Dewey, 1957)에서 여러 면을 할애하여 예수의 사상을 다룬다. 클라크는 일부 사람들이 인정한 것처럼 예수가 "단순한 도덕을 가르친 소박하고 비신학적인 선생"이었다는 생각을 부정한다. 그런데 클라크의 주장에 따르면, 비록 발전된 유일신론 신학이 예수에게 있었지만, 예수의 중요성은 예수의 가르침에 있지 않고, 예수의 행위—특히 예수의 죽음―에 있으며, 그 자신이 성육신하신 하나님이라는 주장에 있다. 클라크가 보기에 선생(이나 철학자)으로서의 예수는, 십자가에 달리고 부활한 구세주로서의 예수보다 아래에 놓인다. 사람들이 예수의 가르침을 강조하는 경우 이것 때문에 예수가 단순한 도덕가로 강등되어 예수에게서 초자연적 신뢰성이 벗겨질지 모른다고 클라크가 염려하는 것 같다.[4]

이와 반대로 현대 기독교철학자인 댈러스 윌러드(Dallas Willard)는 예수가 이제껏 살았던 사람들 가운데 가장 지성적인 사람이었다고 주장한다. 윌러드는 너무나 많은 사람들이 이 사실을 보지 못한다고 한탄한다. 그는 그 대신 그들이 예수를 "희생양이나 소외된 사회비판가의 역할에 적합한 사람의 망령 같은 모습, 단순한 우상"으로 여기며, "그 이상으로 여기지는 않는다고" 한탄한다.[5] 윌러드가 보기에 예수께 종교적으로 헌신하면 예수의 지적 능력들에 대한 특정 견해를 가질 수밖에 없다. '예수는 주님이다'는 말은 "'예수가 속속들이 잘 안다'라고 말하기를 주저해야 하는 사람에게 실천적으로 아무 의미도 지닐 수 없다. 예수는 친절할 뿐 아니라 날카로운 두뇌의 소유자이다."[6] 윌러드가 예수를 철학자로 여기는 일을 피하지는 않는다.

기독교 신앙이 있거나 없다는 사실만으로 예수가 철학자인가라는 물음에 대한 답이 저절로 나오는 것은 아닌 것 같다. 우리가 복음서들에

---

4) Gordon Clark, *Thales to Dewey: A History of Philosophy*(Boston: Houghton Mifflin Company, 1957), 210.

5) Dallas Willard, *The Divine Conspiracy*(San Francisco: Harper-SanFrancisco, 1998), 134.

6) 같은 책, 95쪽.

나타난 예수의 진술들에 귀담아들음으로써 이 문제를 좀 더 깊이 탐구해야 한다.

유대인들과 그리스인들, 그리고 철학자들

일부 사람들은 예수가 그리스인이 아니라 고대 유대인이었다는 이유만으로 예수를 철학자들의 대열에서 제외했다. 역사가 험프리 카펜터(Humphrey Carpenter)가 예수에 관한 소책자의 한 절의 제목을 "철학자가 아닌 유대인"이라고 붙인다. 그의 평가는 존경할 만한 그리스인들과는 달리 유대인들이 너무 신학적이고 따라서 이론적이지 못하기 때문에 철학을 발전시킨 적이 없었다는 진부한 생각을 이용한다. 유대인들은 높은 권위를 믿고 순종하도록 요구받았다. 그들은 그 권위를 의문시하지 않았고, 그 권위를 정말 철학적인 방식으로 검토하지도 않았다.

카펜터는 예수의 가르침이 플라톤과 아리스토텔레스의 가르침과 대조될 때 훌륭하게 보일지 묻는다. 카펜터의 대답은 "그러한 비교가 무의미하다"이었다.[7] 그들이 인간다움과 좋은 삶에 관해 서로 다른 생각을 갖고 있기 때문이 아니라, 그들이 지식에 대해 서로 다르게 접근하기 때문에 카펜터가 이러한 결론에 이른 것이다. 플라톤과 아리스토텔레스가 "인간과 세계에 대해 정교한 철학적 모델들을" 구성했다. "그들이 그

---

7) Humphrey Carpenter, *Jesus* in *Founders of Faith*(UK: Oxford University Press, 1986), 243.

모델들로부터 윤리적 결론을 끌어냈다." 그런데 그러한 체계가 예수에게는 없다고 여겨진다. 예수의 작업방식은 "영감을 주는" 것이었으며, 추론적이거나 체계적이지는 않았다. 예수는 "가르칠 때 일관성에 무관심했다고"[8] 말해도 좋을 정도로 비체계적이었다. 카펜터는 철학자들이 예수로부터 통찰을 얻을 수 있음을 인정한다. 그러나 "예수 자신은 …… 철학자가 아니었다. 예수의 정신은 과연 유대인다웠다."[9]

카펜터의 입장은 우리를 헷갈리게 한다. 첫째, 카펜터가 철학 자체를 플라톤과 아리스토텔레스의 그리스 철학과 동일시하는 것 같다. 비록 이 거인들(플라톤과 아리스토텔레스-옮긴이)이 모범이 되는 철학자들이지만, 어떤 사상가가 철학자가 되기 위해 그들을 모든 점에서 닮을 필요는 없다. 예컨대 거의 모든 사람이 니체를 철학자로 여긴다. 그런데 그는 체계적이지 않았으며 그 사실을 자랑스러워했다. 게다가 많은 경우에 니체가 글을 쓸 때 비유와 이야기, 경구를 사용했다. 이것은 예수가 사용한 방법이다.

카펜터가 생각하기에 철학자가 될 수 있는 기준이 플라톤 철학과 이후의 모든 철학에서 중요한 인물인 소크라테스를 배제하는 것처럼 보일 것이다. 소크라테스는 체계를 세우지 않았지만, 많은 대화상대자와 더불어 긴 대화를 나누었다. 소크라테스는 성가신 사람이고 산파였으며, 지적인 체계를 건축한 사람이 아니었다. 설상가상으로 예수처럼 소크라

---

8) 같은 책, 같은 글.
9) 같은 책, 244쪽.

테스도 아무 글도 쓰지 않았다. 우리가 소크라테스에 대해 알고 있는 것은 다른 사람들의 글, 주로 플라톤의 글에 보존된 것이다. 이 점이 예수와 같다. 다른 사람들이 예수의 말을 복음서에 기록했다. 게다가 소크라테스 자신은 그의 '다이모니온'(damonion)[10]에 사로잡힐 때 "가슴이 설레게" 일했다. 카펜터에 따르면 이것은 철학적이지 않은 일이다.

흥미롭게도 카펜터는 유대율법에 대한 예수의 접근법을 논의할 때 예수가 율법에 대한 맹목적 복종을 인정하지 않았으며 "왜 하나님이 사람들에게 특정 명령을 주셨는지를 생각하는 일종의 추론적 순종"[11]을 인정했다고 언급한다. 그리고 카펜터는 예수가 양심을 사용해서 생각했다면 "아마도 양심을 인간 이성에 분명하게 드러나는 하나님의 뜻으로 여겼을 것이다"[12]라고 주장한다. 카펜터에 따르면, 예수는 이성을 사용하여 하나님과 율법을 이해하고, 인간이 하나님께 대해 올바로 보여야 하는 반응을 이해한다―그런데 예수는 어떤 식으로든 철학자는 아니다. 예수는 비이성적이고 비체계적이기 때문이다. 이 말들이 모순되어 보인다.

---

10) 옮긴이 주 : 다이몬은 신과 인간 사이의 존재로서 신과 인간의 본성을 모두 소유하는 중간자이다. 기독교의 악령과는 달리 선하고 지비로운 영을 가리킨다. 플라톤의 『향연』에 따르면 다이몬으로서의 에로스는 신의 일을 인간에게, 인간의 일을 신에게 해석전달해주는 통로 역할을 한다. 다이모니온은 다이몬이 인간에게 주는 것이라 할 수 있다. 플라톤의 『변명』에서 소크라테스는 '신적인 것'(다이모니온)을 소유하고 있다고 주장한다. 그에 따르면 다이모니온은 소크라테스에게 목소리를 통해 잘못을 경고해주는 역할을 한다. 그에게 다이모니온은 일종의 표적과 같은 것이다.
11) 같은 책, 241쪽. 강조는 원문에 있는 것이다.
12) 같은 책, 243쪽. 강조는 필자의 것이다.

철학자란 무엇을 하는 사람인가?

이 반성들은 우리가 "철학자"라는 용어에 관해 좀 더 분명하게 생각하지 않는 한 "예수가 철학자였는가?"라는 물음에 대답하는 일을 한 걸음도 더 진척시킬 수 없음을 보여준다. 어떤 사람이 철학자가 될 수 있는 자질이란 무엇인가? 우리가 플라톤과 아리스토텔레스처럼 확실한 모범적 사례를 지적할 수 있음이 분명하다. 이것은 지시적 정의(指示的 定義)이다. 우리는 그 범주에 맞는 지시체를 집어낸다. 그런데 예수와 같이 더 힘든 사례들에 대해서는 어떠한가? 물론 철학자들이 철학을 한다. 그런데 철학을 하는 사람이 모두 철학자인 것은 아니다. 이것은 자동차 공장에서 일하는 사람이 모두 기계공이 아닌 것과 같다. 우리가 대부분의 철학자를 지성인이라고 여기지만, 모든 지성인이 철학자인 것은 아니다. 많은 개인들의 지성이 일차적으로 철학에 투여될 수 없다. 우리는 철학자들을 '철학을 교수직으로 삼는 사람들'인 공식적인 학자들로만 제한해서 생각할 수는 없다. 흄과 스피노자, 파스칼과 같은 일부 철학자들은 제도권과 관련되지 않았지만, 철학적 자격이 없는 것은 아니었다.

나는 정의(定義)를 막다른 골목까지 몰아가지 않는다. 도리어 나는 (좋든 나쁘든, 대단하든 미약하든, 고용되어 있든 그렇지 못하든 간에) 철학자가 되기 위한 필요충분조건이란 인간의 추론을 엄격하게 사용함으로써 철학적 사안들에 관해 진리를 추구하며 지성적 능력으로써 그렇게 하는, 강력하고도 생명이 긴 성향이라고 제안한다. 나는 마지막 단서를 덧붙임으로써 스스로 철학자라고 상상하지만, 그 이름에 걸맞을 정도로 철학을 잘 할 수 없는 사람들을 배제하고자 한다. 나쁜 철학자라도 철학을 알아볼 수 있도록 할 수 있어야만 한다. 내가 말하는 "철학적 사안"이란 철학의 주요 분과들(주로 인식론, 형이상학, 윤리학)과 관련되는 인생의 의미와 목적, 가치에 대한 지속적인 물음들이다.

다음 이야기가 하나의 물음이 철학적 물음이 되는 이유를 부각시킬 수 있다. 시각의 물리적 토대를 설명하는 일은 그 자체로 철학적인 일이 아니라, 물리학과 생리학에 관한 과학적인 일이다. 그런데 시각이 외부 세계를 있는 그대로 우리에게 알게 해주는가, 라고 묻는 일은 실재론과 반실재론과 관련된 철학적인 물음이다. 이와 마찬가지로 인격적 행위자가 (하나님이나 천사처럼) 비물질적일 수 있는가라는 물음은 철학적인 물음이다.

그런데 사람들은 주장만 하거나, 하나님의 판단을 더 이상 논의하지 않고 그냥 선포함으로써 인생의 의미와 목적, 가치에 대해 비철학적 방식으로 말할 수 있다. 이와 반대로 이 사안들에 대한 철학적 접근은 실재에 관한 다양한 주장들의 논리나 이론적 설명을 탐구한다. 철학적인 접근은 지성적인 전제들과 함축들을 알아차리며, 가능성들을 깊이 생각해보며 그것들을 믿을 만한지 재어본다.

그러므로 철학자의 작업은 체계를 세우는 일을 포함할 필요가 없으며, 이 관점이 이성적인 논증을 배제하지 않는다면 종교적 권위나 신적 영감을 배제할 필요도 없다. 철학자가 되는 것은 지식에 대한 특정 방침을 요구한다. 그것은 기꺼이 논리적으로 논증하고 토론하려는 태도를 요구하며, 그런 일을 능숙하게 할 수 있기를 요구한다. 이 설명에 따르면 예수는 철학자였는가?

예수는 철학자였는가?

칼 야스퍼스는 예수를 『위대한 철학자들』 시리즈에 포함했음에도 예수를 전통적인 철학자로 여기지 않는다. 예수는 "지식이 아니라 신앙을 전파하며, 논리적 일관성에 대해 관심을 보이지 않기"[13] 때문이다. 예수는 세상의 종말을 선포하면서 사람들에게 이 임박한 종말에 비추어 새로운 질서의 삶으로 들어가라고 요구하는 선지자였으며, "방법론적으로 반성하고, 그의 생각들을 체계적으로 정리하는 철학자가 아니었다."[14] 예수는 "이성적인 명제들을 지닌 철학사에서 한 자리"를 차지할 수 없다.[15] 그렇지만 예수가 체계 가운데 정리되는 지식에 대해 무관심했기에 철학자의 자격이 없다면, 소크라테스와 니체, 비트겐슈타인도 배제되어야 한다. 왜냐하면 그들도 체계를 세우지 않았기 때문이다.

철학이나 그 밖의 영역들에서 모순은 미덕이 아니라 악덕이다. 우리가 A와 비(非)A를 동일한 방식으로 동일한 관련에서 긍정한다면, (모순율을 위반하는) 추론에서 나타나는 고전적인 결함만 긍정하는 셈이다. 그럼에도 불구하고 일부 철학자들은 무모순성을 회의적인 눈으로 본다. 그들은 실재가 너무 복잡하고 불투명해서 그런 규정들을 받아들이지 못한다고 생각한다. 모순은 비록 그들을 나쁜 철학자들로 만들 수 있을지 모르지

---

13) Karl Jaspers, *The Great Philosophers*, Volume 1: *Socrates, Buddha, Confucius, Jesus*, ed. Hannah Arendt, trans. Ralph Manheim(San Diego: Harcourt Brace Jovanovich, 1962), 71.
14) 같은 책, 75쪽.
15) 같은 책, 94쪽.

만, 그들을 철학자들의 대열에서 완전히 배제시키지는 못한다. 그리고 어떤 경우에 무모순성을 대놓고 자랑하는 철학자들(의 대다수)이 스스로 모순을 일으킨다. 이러한 철학적 실패가 그 철학자의 견해들의 설득력에 크고 작은 결과를 가져올 수 있다. 그런데 어떤 철학자의 관점에 모순들이 있다고 해서 그 자체가 그 사상가를 철학자에서 배제하는 것은 아니다.

어쨌든 예수의 가르침이 일관됨을 쉽게 비난할 수 없다. 야스퍼스는 그가 예수의 모순이라고 생각하는 것의 사례를 두 개만 인용한다. 그는 이 모순들을 어떻게 해결할 수 있는지에 대한 가능성을 찾지 않는다.[16] 하나의 예가 악(惡)을 저항하지 않는 예수의 가르침을(「마태복음」, 5장 38-42절) 평화가 아니라 칼을 주기 위해 왔다는 예수의 주장과 대조시킨다. 어떻게 칼을 휘두르는 평화주의자가 될 수 있단 말인가? 그런데 칼을 끌어들이는 것에 관한 구절(「마태복음」, 10장 34-39절)은 자기방어 상황이나 군사 상황과 무관하다. 그 구절은 어떤 사람의 가족 구성원들이 예수를 좇지 않을 때 예수에 대한 그의 충성이 분쟁과 분열을 가져올 것이라는 사실과 관련된다. 그러므로 예수의 두 진술 사이의 모순은 겉보기에만 그러하며 실질적이지 않다.

야스퍼스는 예수의 두 가지 말을 또 나란히 놓는다. 야스퍼스는 두 가지 말이 논리적으로 모순된다고 주장한다. 예수는 (1) 예수를 반대하지 않는 사람들은 예수와 함께하는 사람들이라고 말한다. 그런데 다른

---

16) 같은 책, 71쪽.

구절에서 예수는 (2) 예수와 함께하지 않는 사람들은 예수를 반대하는 사람이라고 말한다. 야스퍼스는 이 진술들 사이의 모순이 무엇일 수 있는지를 설명하지 않는다. 그래서 우리는 추측할 수밖에 없다. 그렇지만 진술 (2)를 진술 (1)을 달리 표현하는 것으로 쉽게 간주할 수 있다. 그래서 예수를 반대하지 않는 사람들(즉, 예수와 함께하는 사람들)이 있고, 예수를 반대하는 사람들(예수와 함께하지 않는 사람들)이 있다. 그래서 진술 (1)과 (2)는 모순이 아니라 서로 연결된다. 두 경우에서 말하고자 하는 바는 중립적 지반이 없다는 것이다. 우리는 예수와 함께하거나 예수에 맞서야 한다.

그러나 예수의 두 진술을 낳은 사건들을 살펴보라. 이 두 진술은 서로 다른 대화 맥락에서 이루어지며, 서로 다른 목적에 이바지한다. "우리를 반대하지 않는 자는 우리를 위하는 자니라"라는 예수 진술의 맥락은 예수 제자들의 최측근에 있지 않은 사람들이 예수의 이름으로 귀신들을 쫓아내는 일을 본 경우이다(『마가복음』, 9장 38–41절). 예수는 제자들에게 제자들 외의 이 사람들도 예수를 좇고 있다고 말한다. 물론 제자들은 그들을 알지 못한다. 예수가 설명한다. "내 이름을 의탁하여 능한 일을 행하고 즉시로 나를 비방할 자가 없느니라." "나와 함께 아니하는 자는 나를 반대하는 자요, 나와 함께 모으지 아니하는 자는 헤치는 자니라"(『마태복음』, 12장 30절). 이 나머지 진술들의 맥락은 예수가 귀신들을 몰아내는 자신의 권위와 관련해서 신학적 반대자들과 대결하는 것이다. 여기서 예수는 (첫 번째 경우처럼) 측근을 확대해서 이미 예수를 진실 되게 따르고 있는 사람들을 포함시키는 일보다 그의 제자들과 그의 비방자들을 선명하게 대조시키는 일을 한다. 비록 맥락과 목적이 다르지만, 예수의 두 진술

사이에는 논리적 모순이 없다.

야스퍼스는 예수의 "직접 진술들이 결국 합리적 해석을 피해가는 의미의 전달수단이다"[17]라고 주장한다. 하지만 나중에 야스퍼스는 헤겔이 예수에 관해 한 말에 동의하면서 다음과 같이 인용한다. "그렇게 혁명적인 말이 이야기된 적이 없었다. 그렇지 않았으면 타당하게 여겨지는 모든 것이 중요하지 않고 고려될 가치가 없는 것으로 드러나기 때문이다."[18] 야스퍼스와 헤겔이 예수의 메시지를 "혁명적"이라고 이성적으로 해석하기 때문이다.

예수는 스피노자와 헤겔이 세운 것과 같은 의미에서의 철학 체계는 세우지 않았다. 틀림없이 20세기의 가장 영향력 있는 철학자로 보이는 비트겐슈타인도 비록 철학적 문제들을 어떤 식으로 해체하려는 독특한 철학 방법을 발전시켰지만, 체계를 세우지는 않았다.[19] 그런데 예수가 철학 체계를 "세우지" 않았다고 해서 그가 질서정연하고 논리적으로 일관된 실재 설명을 통해 생각했으며 그 설명을 반박한 사람들과 더불어 이성적인 논증을 펼쳤을 가능성이 배제되지는 않는다. 예수가 이런 식으로 생각하고 말했다면, 그는 분명히 철학자이다—그리고 서구 역사에서 가장 영향력 있는 철학자이다.

일부 사람들은 예수의 가르침과 그가 그 밖의 활동들에 대해 보인 예언적이거나 초자연적인 태도 때문에 예수를 철학자들의 교실에 들어오

---

17) 같은 글.

18) 같은 책. 야스퍼스가 인용문의 출처를 언급하지 않는다.

19) Jaako Hintikka, *On Wittgenstein*(Belmont, CA: Wadsworth-Thompson Learning, 2000) 참조.

지 못하게 할 수도 있다. 예언이나 신탁의 성향이 철학 활동을 불필요하게 하거나 그 활동에 역효과를 준다고 전제된다. 우리가 계시를 위로부터 받는다면, 전제에서 결론으로 나아가는 논증을 왜 한단 말인가? 우리가 신의 영감을 받을 때 귀납이나 연역, 상정논법(想定論法),[20] 귀류법, 강이유(强理由) 논증들[21] 등을 왜 성가시게 해야 한단 말인가? 왜 다른 사람의 논증을 거짓이라고 비판해야 한단 말인가? 우리는 그저 알리거나 선언하거나 의견을 개진하기만 하면 될 것이다—그리고 하늘에서 불이 내려오도록 해서 논증을 완전히 끝내면 될 것이다. 일부 그리스도인들은 예수가 철학자라는 생각을 분별없거나 불경하다고 여길 수도 있다. 그들이 예수를 성육신한 하나님으로 여기기 때문이다. 하나님에게는 인간의 철학이 전혀 필요 없다.

이 반박들을 두 가지 방식으로 물리칠 수 있다. 첫째, 철학의 목적이 하나님이 준 인간의 추론능력들을 사용하려는 것이라면, 우리는 성육신한 하나님도 그분보다 못한 존재들과 더불어 철학할 수 있다는 생각에 화를 낼 필요가 없다. 결국—많은 사람들이 예수에 관해 최고 권위라고 여기는—사도 바울은 모든 지식과 지혜가 예수 그리스도 안에서 발견된다고 주장했다(「골로새서」, 2장 9절). 정통 기독교 사상에 따르면, 예수는 하나님일 뿐 아니라 참된 인간이다. "말씀이 육신이 되었다"(「요한복음」, 1장 14절). 그리스도인들은 예수라는 인격 안에서의 신성(神性)과 인성(人性)의 관

---

20) 옮긴이 주 : 가설을 추측해서 상정하는 것도 일종의 근거 있는 추리로 여겨지는데, 연역도 귀납도 아니다.
21) 옮긴이 주 : 기존 논법에 대해 더 강력한 근거를 추가로 제시하는 논법을 가리킨다.

계를 어떻게 이해할 수 있든 간에, 그리스도 안에 있는 하나님이 참된 인성을—추론 능력들 등을—지닌다고 고백한다. 내가 나중에 논의할 것처럼 복음서들의 많은 구절을 자세히 검토하면 예수가 사후의 삶과 예수의 신분, 정치적 책임 등에 관해 세심하게 추론하고 있음이 드러난다. 예수는 좋은 논쟁을 벗어나지 않으셨다. 이사야 선지자가 하나님의 계시를 말할 때 예수가 존중한 구약성경은 "여호와께서 말씀하시되, 오라! 우리가 서로 변론하자"(「이사야」, 1장 18절)라고 말했다. 예수가 이에 동의할 것이다.[22]

둘째, 그리고 좀 더 일반적으로 말하자면, (명시적으로든 암묵적으로든) 하나님의 영감이나 초자연적 영감이라는 주장이 원칙상 추론과 논쟁을 배제할 필요가 없다. 논쟁하는 사람들과 이성적으로 상호작용할 수 있는 능력과 건전한 추론을 통해 권위를 세울 수 있다. 유신론 종교들의 정경(正經)들이 논증 없이 신(神)의 선포를 제시하지만, 이것이 신이 유일하게 발표할 수 있는 방식이지는 않다.

그렇지만 우리가 이 책 뒷부분에서 알게 될 예수가 당시 지도적인 사상가들과 벌인 논쟁들, 그리고 예수의 가르침의 말투와 스타일, 내용은 예컨대 (드러나지는 않지만) 전형적인 철학자 소크라테스의 방식과는 매우 다르다. 예수는 유일무이한 종류의 철학자였다. 야스퍼스가 검토될 가치가 있는 한 구절에서 이 점을 강조한다.

---

22) George Mavrodes, *Revelation in Religious Belief* (Philadelphia: Temple University Press, 1988)에서 조지 마브로즈는 서로 다른 양식의 신적 계시를 탐구한다. 이 양식들은 추론을 통한 계시도 포함한다.

예수는 좋은 소식을 선포함으로써 가르치며, 소크라테스는 사람들 스스로 생각하도록 함으로써 가르친다. 예수는 신앙을 요구하며, 소크라테스는 생각의 교환을 요구한다. 예수는 진지하고 직접적으로 말하며, 소크라테스는 간접적으로, 심지어 반어법을 통해 말한다. 예수는 하늘나라와 영생을 알며, 소크라테스는 이 사안들에 대해 확실하게 알지 못하고, 그 물음을 해결하지도 않는다. 그런데 두 사람 모두 사람들을 편안하게 내버려두지 않는다. 예수는 유일한 길을 선포한다. 소크라테스는 사람을 자유롭게 하지만 그에게 자유에 근거를 두는 책임을 계속 일깨운다. 두 사람 모두 최고의 주장을 한다. 예수는 구원을 주며, 소크라테스는 사람들로 하여금 구원을 찾도록 자극한다.[23]

나는 예수의 "좋은 소식 선포"(복음)가 사람들을 생각하도록 자극하는 일과 양립 불가능하지 않다고 주장할 것이다. 많은 경우에 예수가 그렇게 했다. 신앙을 요구하는 일(아니 격려하는 일이나 요청하는 일)은 관념들의 이성적인 교환과 더불어 일어날 수 있다. 예수가 이것을 생생하게 보여주었다. 예수는 "진지하고 직접적으로" 말하기도 하지만, 어떤 경우에 간접적으로, 특히 비유를 사용해서 의사전달하곤 했다. 예수는 진리를 추구하거나 불확실성에 사로잡혀 있는 것으로 결코 묘사되지 않는다. 이 점에서 예수와 소크라테스는 극적으로 서로 다르다. 예수는 지식의 확실성으로부터 관념들을 선포했지만, (구원받은 사람들의 수나, 왜 어떤 악들

---

23) Karl Jaspers, *The Great Philosophers*, Volume 1: *Socrates, Buddha, Confucius, Jesus*, 94쪽.

이 생기는지, 예수의 재림 시기와 같은) 일부 문제들은 대답하지 않고 내버려 두었다. 소크라테스는 일종의 철학적 자극이자 산파인데 반해, 예수는 청중들에게 "거듭나라"고 권고한다. 그런데 요구되는 헌신과 신앙을 뒷받침하는 이성과 논증이 없는 것은 아니다.

Chapter 2

역사에 나타난 예수

ON
JESUS

예수 삶의 역사적인 세부 내용은 예수의 메시지와 신분을 정확하게 평가하는 데 다른 철학자들보다 훨씬 더 중요하다. 우리는 예수가 쓴 글에 대해 알지 못한다. 많은 경우 예수의 삶을 말하는 일차적 역사문헌들—신약성경의 4복음서—은 의견을 교환하는 이야기들을 통해 예수를 묘사한다. 예수의 철학은 일차 자료들에서 이야기되는 만남들과 사건들 안에서 이해해야 한다. 예수의 삶의 배경과 경력이 예수의 논증 및 세계관과 분리할 수 없다. 이와 대조되게 아리스토텔레스와 데카르트, 비트겐슈타인이나 바일(Weil)의 생각들은 그들의 생애를 최소한 언급해도 식별될 수 있다. 그들은 독자적으로 성립할 수 있도록 의도한 연구서들을 내놓았기 때문이다. (물론 그들의 역사적 배경을 알면 그들의 작품들을 해석하는 데 매우 유익하다.) 예수의 생각을 알 수 있는 책은 예수의 삶이었다. 예수의 생각은 예수의 만남과 설교, 논쟁, 기도, 행동에서 나온다.

역사성과 철학자들

소크라테스 삶의 역사적 내용들이 다소 불분명하다. 소크라테스는 아무 글도 쓰지 않았으며, 그에 대한 우리가 알고 있는 지식은 플라톤과 소수의 다른 자료에 의존하기 때문이다. 그렇다고 해서 철학자들과 학생들이 소크라테스의 기여를 평가하지 못하게 하지는 않는다. 일반적으로 대부분 사람들은 기본적으로 플라톤이 소크라테스의 삶을 올바로 기록했을 것이라고 전제한다. 그런데 그렇게 하지 않는다 하더라도, 플라톤이 그리는 소크라테스의 성품과 철학 활동은 아직도 흥미를 끈다. 역사가들과 철학자들이 소크라테스에 관해 이리저리 머리를 짜내었다. 그런데 "역사적 예수에 대한 탐구"의 규모와 지속 기간, 강도에 필적할 만한 "역사적 소크라테스에 대한 탐구"는 없었다.[1] 그리고 그럴만한 이유가 충분히 있다. 소크라테스는 종교를 창설하지 않았으며, 어느 누구도 소크라테스를 예배하지 않는다. 그런데 거의 이천 년 이상 동안 수백만 명의 사람들이 신약성경의 복음서를 그들의 종교 창설자에 대한 참된 설명이라고 여겼다. 그리고 역사 가운데 비판가들이 이 확신들을 의문시했다.

많은 그리스도인들은 복음서를 하나님의 영감을 받은 글이며 따라서 오류가 없는 문서라고 여긴다. 하지만 이 관점이 복음서의 본질과 신뢰

---

1) Ben Witherington, III, *The Jesus Quest: The Third Search for the Jew of Nazareth*(Downers Grove, IL: InterVarsity Press, 1995) 참조.

에 대한 세심한 탐구를 배제하지는 않는다. 하나님의 영감이 하나님이 기록자들에게 받아쓰도록 하는 것과 같은 것을 뜻할 필요는 없다. 예컨대 「누가복음」의 서문에서 저자가 예수의 역사를 제시하기 위해 다양한 자료들을 참고했음을 공개적으로 인정한다.

> 우리 중에 이루어진 사실에 대하여 처음부터 목격자와 말씀의 일꾼 된 자들이 전하여 준 그대로 내력을 저술하려고 붓을 든 사람이 많은지라. 그 모든 일을 근원부터 자세히 미루어 살핀 나도 데오빌로 각하에게 차례대로 써 보내는 것이 좋은 줄 알았노니 이는 각하가 알고 있는 바를 더 확실하게 하려 함이로라(「누가복음」, 1장 1-4절).

흥미가 있는 사람이라면 '실제 역사 속에 나타난 예수는 누구인가'라는 물음[2]을 어떻게 볼 것인지에 대해 사람들의 세계관이 영향을 줄 것임을 인정해야 한다. 일부 사람들은 오직 믿음(신앙주의)을 선호하여 역사 학문의 질문들을 피하려 했다. 신앙주의는 "신앙"에 대한 모든 통제나 검토를 없앤다. 신앙주의는 역사적이거나 논리적인 고찰로부터 벗어나기 때문이다. 그런데 레이 마틴(Ray Martin)이 지적하듯이, 상당수의 대중문화와 학문 문화가 "역사적 예수"의 물음을 다룰 때 그 입장을 유지하

---

2) 옮긴이 주 : 그동안 사도들이 기록한 4복음서에 등장한 예수의 모습과 실제 역사 속에 나타난 예수의 모습이 다를 것이라는 전제 아래 역사적 예수를 찾으려는 시도가 있었다. 이 시도를 하는 사람들은 역사적 예수의 모습을 재구성할 때 신앙의 요소를 배제하고자 한다. 그래서 그들은 신앙고백의 산물로 여겨지는 4복음서를 주된 자료로 사용하지 않으려는 경향을 보인다.

기 어렵다. 그와 반대로 일부 사람들은 ("역사적 예수"에 관한) 순수 역사적 탐구가 기독교의 신조들("신앙의 그리스도")과 일치할 수 없다고 전제했다. 그래서 그들은 그 문제에 대해 편견을 갖게 한다.[3] 일부 사람들은 역사가들이 역사가로서 기적을 논의할 수 없다고까지 주장한다. 더 좋은 접근은 역사적 증거와 논증을 사용해서 그 문서들을 평가한다.

복음서의 텍스트 전승

고대 문서들은 때로 구식이라는 비난을 받는다. 수천 년씩이나 오래된 것이 흠 없이 보존될 수 없었을 것이다. 너무 많은 생략과 추가, 왜곡이 알지 못하는 사이에 들어왔을 것이다. 게다가 많은 사람들은 옛 기록들이—특히 신약성경이—한 언어에서 다른 언어들로 차례로 번역되면서 원래의 의미를 잃어버렸다고 걱정한다.

한 문서의 보존성(시간이 흘러도 그 문서의 원래 형태를 보존하는 것)의 물음은 그 문서의 원래 진리성(그 문서가 긍정하는 것의 진리)과 별개이다. 실제 오류들로 가득 찬 원래 문서가 왜곡 없이 전달되었을 수도 있다. 그것은 잘 보존된 허구이거나 사기일 수 있을 것이다. 그런데 하나의 옛 문서의 보존성을 신뢰하기에 충분한 근거가 없다 해도, 그 문서가 원래 진리—였거나 거짓—이

---

3) Raymond Martin, *The Elusive Messiah: A Philosophical Overview of the Quest for the Historical Jesus*(Boulder, CO: Westview Press, 1999) 참조. 역사적 증거에 기대지 않고서 신약성경을 믿는 것을 옹호하는 논증으로는 Alvin Plantinga, *Warranted Christian Belief*(New York: Oxford University Press, 2000) 참조.

었다는 결론이 나오지는 않는다. 따라서 정확한 전달(보존성)은 고대 문서를 신뢰할 수 있는 필요조건이지 충분조건은 아니다.

복음서—와 나머지 신약성경—의 보존성은 매우 잘 뒷받침된다. 특히 다른 고대 문서들과의 관계에서 보면 그러하다. 첫째, 복음서의 현대 번역들이 한 언어에서 다른 언어로—이를테면 그리스어에서 라틴어로, 독일어로, 영어로—번역됨으로써 원형이 훼손되었다는 것은 거짓이다. 현대 영어판들의 번역자들은 일차적으로 옛 그리스어 사본들을 살펴본다. 그리스어가 복음서의 원어이다.

둘째, 오늘날 학자들이 거의 5천 개의 그리스어 신약성경 사본의 일부나 전부를 사용할 수 있게 되었다.[4] 고고학자들이 세계에서 가장 많이 필사되고 재필사되고 수집된 책들(신약성경 – 옮긴이)의 좀 더 많은 기록을 발굴함에 따라 지난 몇십 년 동안 이 사본들의 수와 질이 높아졌다. 「요한복음」의 단편은 2세기 초까지 거슬러 올라가는데, 「요한복음」이 처음 기록된 지 몇십 년밖에 지나지 않은 때이다. 상당수의 초기 사본들이 매우 많고 질이 높다면, 텍스트 비평가들은 원래 기록들을 매우 정확하게 재구성할 수 있는 풍부한 자료를 지닌 셈이다. 우리가 고대 문헌의 원사본들(자필원고)을 사용할 수 없지만, 많은 경우에 역사가들은 고대 기록들의 텍스트 증거를 신약성경의 증거보다 덜 신뢰한다. 이를테면 카이사르(Caesar)의 『갈리아 전쟁기』(The Gallic Wars)가 기원전 100-44년에 기록되었다. 그 책의 첫 번째 사본이 900년에 나오는데, 원본과는 천 년 간격

---

4) Kurt Aland and Barbara Aland, *The Text of the New Testament* (Grand Rapids, MI: Eerdmans, 1987), 87.

이 있다. 이 문서의 옛 사본은 10개만 있을 뿐이다.[5]

좀 더 적절한 비교가 정경복음서의 사본들과 다양한 소위 영지주의 복음서들 사이에서 발견된다.[6] 1945년에 나그 함마디(Nag Hammadi)에서 옛 영지주의 텍스트들이 발견되어 학자들은 고대 영지주의에 관해 풍부한 일차 자료들을 접하게 되었다.[7] 고대 영지주의는 다면적이며 다소 신비적인 종교 운동으로서, 신비적 깨달음(이나 지식을 가리키는 그리스어 그노시스)을 통해 물질을 초월해야 할 필요를 강조했다. 영지주의 문서들을 권위 있게 모아 놓은 책 『나그 함마디 총서』(The Nag Hammadi Library)의 편집자 제임스 로빈슨(James Robinson)은 사본 중 상당수가 매우 나쁜 상태에 있으며 성경과는 달리 그 사본들 밖의 더 큰 사본 전통에 비추어 검토될 수 없다는 데 주목한다.[8]

신약성경 복음서의 현대 번역들은 불충분한 해석이나 대안적인 해석을 언급하며, (『요한복음』, 8장 1–11절과 『마가복음』, 16장 9–20절과 같이) 논란이 많은 부분들을 언급한다. 복음서에서 텍스트상 문제가 될 수 있는 이 부분들의 나머지는 2–3절밖에 되지 않으며, 대부분 한 절의 작은 부분에만 의문을 제기한다. 이 차이들이 대부분의 현대 번역본들에서 언급되지만, 예수의 삶에 나타난 주요 사건이나 가르침을 의문시하지는 않는다.

---

5) F. F. Bruce, *The New Testament Documents: Are They Reliable?* rev. ed. (Downers Grove, IL: Inter-Varsity Press, 1960), 16.
6) 영지주의 텍스트들은 그것들이 예수의 삶과 가르침을 설명한다고 주장하지만, 문학 장르가 정경복음서의 장르가 아니기 때문에 "복음"이라는 명칭은 적합하지 않다.
7) 이전에 영지주의의 기본 세계관에 대해서는 대부분 교부들의 저술들과 소수의 흩어진 다른 자료들을 통해 알았다.
8) James Robinson, ed. *The Nag Hammadi Library* (San Francisco: Harper and Row, 1988), 2.

예수에 관한 외부(성경 밖의) 자료들

예수에 관한 역사적인 언급들은 신약성경 문서에 국한되지 않는다. 물론 신약성경 문서가 가장 상세한 설명이다. 일부 사람들은 성경 밖에서 예수에 대해 상대적으로 드물게 언급하는 사실이 예수에 관한 우리 지식을 위태롭게 한다고 주장했다. 그 경우 우리는 복음서로 다시 되돌아가야 하기 때문이다. 복음서는 예수에 관해 남아 있는 가장 오래된 전기적 문서들이다. 물론 (예수를 언급하지만 전기는 아닌) 바울서신 일부가 복음서보다 이전에(50년경에) 기록되었던 것 같다. 그렇지만 이 사실들이 복음서의 신뢰성을 무너뜨리지는 않는다. 1세기 사건들에 대한 기록은 얼마 되지 않는다. 고대사의 제약들을 고려한다면, 예수의 4개의 전기들과 그 전기들 밖에서 이루어지는 관련 언급들은 충분한 양 이상의 자료를 제공한다. 고대에 기록된 문서들은 대부분 전쟁과 제국, 제국 지도자들에 초점을 두었다. 종교 지도자들을 언급했다 하더라도, 그 지도자들이 제도적 권력의 자리를 차지했기 때문에 예수는 포함될 자격이 없었다.

역사적으로 신뢰할 수 있는 몇몇 자료들이 예수에 관한 복음서의 일부 주장들을 확증해준다. 유대 역사가인 요세푸스(Josephus)가 『고대사』(Antiquities, 90-95년)에서 예수를 두 번 언급하는데, "그리스도로 불린 예수의 형제"[9] 야고보에서 한 번, 좀 더 길고 논란이 되는 구절에서 한 번 언급한다. 일부 사람들은 후대의 그리스도인 편집자들이 신학적으로 유리한

---

9) Josephus, *Antiquities* 20:9.

자료를 일부 추가했다고 생각한다.[10] 그런데 예수가 존재하고, 미덕을 갖추었다고 알려졌으며, 십자가에 달리고, 많은 제자들의 마음을 사로 잡았으며, 기적을 행하고, 부활했다고 여겨졌다고 기록한 요세푸스의 주장은 적어도 그럴듯하게 보인다.[11] 요세푸스 이후 몇십 년이 지나 타키투스와 탈루스, 소(小) 플리니우스, 수에토니우스라는 로마 역사가들도 예수가 존재했다고 기록하며, 예수의 삶에 관해 타당한 사실들과 예수 제자들의 믿음들을 기록한다.[12]

이와 관련된 고고학 유물들이 다양하게 발견되었다. 그 유물들의 시기는 복음서에 기록된 사건들이 있었던 기간이나 그 기간 언저리이다. 1968년에 발굴된 옛 유대 매장지에는 예루살렘이 70년에 몰락할 때 죽었던 유대인 35명의 뼈를 담고 있는 15개의 돌로 된 유골단지들이 있다. 한 희생자가 요하난(Yohanan)으로 확인된다. 그의 뼈에 가해진 상처들은 그가 십자가에 달렸던 것을 말해준다. 그도 예수처럼 개인 무덤에 묻혔다. 일부 학자들은 로마 십자가형의 희생자들이 이런 식으로 묻히지 않고 십자가에 달린 채 동물에 먹히거나 공동묘지에 버려졌다고 주장하기 때문에 이 사실이 중요하다.[13] 그 밖의 고고학적 발견들이 베데스다 연못이 있었음을 확인해주었다. 이전에 일부 사람들은 베데스다 연못이 「요한복음」의 문학적 창작물이라고 여겼다(「요한복음」, 5장 2절).[14] 그리고 그

---

10) 같은 책, 18:3.

11) Robert E. Van Voorst, *Jesus Outside the New Testament: An Introduction to Ancient Evidence* (Grand Rapids, MI: Eerdmans, 2000), 81–104.

12) 같은 책, 19–53쪽.

13) Jeffrey Sheler, *Is the Bible True?* (Grand Rapids, MI: Zondervan Publishers, 1999), 110–111.

발견들은 가이사랴에 있는 라틴어 명판에 언급된 본디오 빌라도가 있었으며 당시의 예수 성전(聖殿)이 대단했음을 확인해주었다. 그 발견은 예수가 어떤 식의 무덤에 묻혔는지, 그 밖의 다른 사항들도 확인해주었다.[15]

복음서: 어떤 종류의 문서인가?

복음서는 현대적 의미에서의 전기가 아니다. 예수의 물리적 외모처럼 오늘날 같으면 집어넣었을 자료가 복음서에 없기 때문이다. 복음서는 예수의 잉태와 출생, 약 3년간의 공적 사역, 특히 배반당하고 십자가에 달리기 직전의 생애 마지막 한 주에 이어지는 특별한 사건들에 초점을 둔다. 이 문서들은 예수의 삶과 가르침의 취지를 설명하는 데 초점을 두며, 뉴스 리포트나 상세한 전기들에 초점을 두지 않는다. 후자 가운데 어느 것도 고대에는 있지 않았다.

일부 사람들이 복음서의 역사적 정확성을 의심한다. 복음서 저자들에게 신학적 아젠다가 있기 때문이다. 누가의 서문은 왜 그가 복음서를 썼는지를 분명하게 밝힌다(「누가복음」, 1장 1–4절). 「요한복음」도 비슷한 고백을 한다. "이를 본 자가 증언하였으니 그 증언이 참이라. 그가 자기의 말하는 것이 참인 줄 알고 너희로 믿게 하려 함이니라"(「요한복음」, 19장 35절 또한 21장 24절도 참조). 「마태복음」과 「마가복음」은 비록 이러한 취지의 말을 분명하

---

14) R. T. France, *The Evidence for Jesus*(Downers Grove, IL: InterVarsity Press, 1986), 131–132.
15) 같은 책, 140–157쪽.

게 하지는 않지만, 초기 예수 운동의 옹호자들에 의해 기록되었다. 중립성이나 초연한 객관성은—비록 가능하다 할지라도—어떤 내용을 정직하고 정확하게 보고하는 데 필요하지 않았다. 중립성은 고대에 알려지지도 이상(idea)이 되지도 않았다. 역사가들은 집단 수용소에서 고문을 당한 엘리 위젤(Elie Wiesel)과 같은 유대인들의 설명을 진지하게 받아들인다. 물론 그 설명에는 그 생존자의 관점이 깊이 들어 있다.

기적적인 일들의 차원은 4복음서 설명 모두에서 빠질 수 없다. 복음서는 예수의 출생, 병자를 고치고 죽은 자를 살리는 예수의 사역, 예수의 악령 추방, 부활, 그리고 승천을 둘러싼 사건들과 같은 기적적인 사건들을 부각시킨다.

그렇지만 데이비드 흄은 기적 주장을 믿는 것이 합리적이라는 주장을 반박했다. 그는 이 반박의 근거를 "자연법칙"이 "위반된다"는 생각이 매우 있을 법하지 않다는 데 두었다. 흄은 기적에 관한 증언으로 여겨지는 것의 신뢰성을 비난하며, 서로 다른 종교들이 내놓는 다양한 기적 주장들이 서로의 주장을 무효로 만든다고 주장한다.[16] 흄의 원리적 논증들은 모두 전문 철학자들과 그 밖의 사람들로부터 심각한 도전을 받았다.[17] 레이몬드 마틴의 지적에 따르면, 복음서를 연구하는 많은 현대학자들은 자신들의 연구가 "객관적"이고 "공정하다"고 주장하지만

---

16) David Hume, *Enquiry Concerning Human Understanding*, "Of Miracles," many editions.

17) C. S. Lewis, *Miracles: A Preliminary Study*(New York: Simon and Schuster, 1975; orig. pub. 1947); R. Douglas Geivett, Gary R. Habermas, *In Defense of Miracles: A Comprehensive Case for God's Action in History*(Downers Grove, IL: InterVarsity Press, 1997); and J. A. Cover, "Miracles and Christian Theism," in *Reason for the Hope Within*, ed. Michael M. Murray(Grand Rapids, MI: Eerdmans, 1998), 345–374.

실제로는 의문스러운 "방법론적 자연주의"를 전제한다. 방법론적 자연주의는 초자연적인 것을 역사가의 연구범위에서 철저하게 배제한다.[18]

복음서들은 예수 자신에 관해 했던 신학적으로 중요한 주장들과 기적들, 그 밖의 초자연적 사건들을 담고 있다. 그런데 많은 학자들은 그것들이—꾸며낸 환상적 신화들로 읽히지 않고—역사적이고 내러티브적이며, 사실에 입각한 설명들로 읽힌다고 단언한다. 그것들이 예수의 삶을 둘러싼 특정 사람들과 장소들, 사건들을 가리키기에 그 신뢰성이 뒷받침된다. 복음서 기자들 가운데 가장 신학적인 입장을 드러낸 사람으로 여겨지는 요한이 특정 건물과 풍경을 많이 언급하는데, 이 가운데 상당수가 고고학에 의해 확증되었다.[19]

종교에 대해 호의적이지 않은 역사가 윌 듀란트가 『문명의 이야기』라는 여러 권의 시리즈에서 복음서 기록자들이 "단순한 창작자라면 감추었을" 일들을 많이 포함시켰다는 데 주목한다. 사도들이 하나님의 나라에서 높은 자리를 차지하려고 서로 시기하면서 다툰 일이나 베드로가 예수를 부인한 일, 예수가 미래를 알지 못한 일, 예수가 십자가에서 절망적으로 부르짖은 일이 그러한 일이다. 듀란트는 비록 복음서에 있는 것을 모두 받아들이지는 않았지만, 기본적으로 진정성을 나타내는 표식들을 보았다.[20] 성경학자 하비도 이에 동의한다. "일반적으로, 우리는 복음서에 나오는 기적 이야기들이 고대 문헌들에 나오는 다른 것들과

---

18) Raymond Martin, *The Elusive Messiah*, 99-120.

19) Paul Barnett, *Is the New Testament History?*(Ann Arbor, MI: Servant Publications, 1986), 64.

20) Will Durant, *Caesar and Christ*, vol. 2, *The Story of Civilization*(New York: Simon and Schuster, 1944), 557.

같지 않다고 말할 수 있다. 그 이야기들은 기적을 과장하지도 않고 선정적 내용들을 더하지도 않기" 때문이다. 달리 말하자면, "그 이야기들은 그 이야기를 솔직하게 전한다."[21]

4복음서의 원작자

복음서들은 누가 언제 기록했는가? 복음서들은 그것들이 전하는 사건들에 바로 이어지는 시기에 목격자들을 인터뷰한 사람들이나 목격자들에 의해 기록되었다면 신뢰를 얻는다.

첫째, 복음서들(과 다른 신약성경들)이 기록된 시기의 바깥 경계선은 그 기록들에 인용되는 이후 그리스도인(속사도)의 자료들에 의해 정해질 수 있다. 역사가들이 이 기록들의 시기를 어느 정도 정확하게 확정할 수 있기 때문에, 복음서들이 그 기록들보다 앞서야 한다. 사도 요한의 제자였던 폴리캅이 110년경에 기록한 편지에서 4복음서를 모두 인용하거나 언급한다. 이그나티우스가 108년경에 모든 복음서를 언급하거나 인용하는 7편의 짧은 편지를 썼다. 96년경에 로마에서 글을 썼던 클레멘트가 「마태복음」과 「마가복음」, 「누가복음」을 거명한다.[22]

둘째, 많은 저명한 학자들은 공관복음서(「마태복음」, 「마가복음」, 「누가복음」)의 기

---

21) A. E. Harvey, *Jesus and the Constraints of History* (Philadelphia: Westminster, 1982), 41-42.

22) Paul Barnett, *Is the New Testament History?*, 38-39.

록시기를 70년이나 그 이전으로 잡는다. 대체로 「마가복음」이 첫 번째로 기록되었다고 여겨진다. 일반적으로 「요한복음」의 기록시기가 90년경으로 여겨지기도 하지만, 일부 학자들은 그 기록시기를 90년경보다 훨씬 이르게 잡는다.[23] 누가 그 설명들을 기록했는지와는 무관하게, 이것은 그 설명들이 예수의 삶보다 몇십 년이나 지난 시기에 나왔다고 여긴다. 자유주의 신학을 좀 더 따르는 입장은 고대 사료편집의 기준에 따라 「마가복음」의 기록시기를 70년경으로 잡고 「마태복음」과 「누가복음」의 기록시기를 때로 80년으로 잡는다. 이 입장은 복음서의 기록들을 기록된 사건들과 매우 가깝게 놓는다. 중요한 선생들의 말을 기억하는 관행이 구술문화에 있었다면, 이 시간 간격 때문에 그 문서들의 역사적 신뢰에 손상이 생기지 않는다.[24]

이것을 비교 관점에 넣는다면, 불경은 부처가 살았던 시기(기원전 563-483년) 이후 약 500년 후까지는 기록되지 않았다. 불교학자 에드워드 콘즈의 말에 따르면, 기독교가 '신약성경'에 구현된 기독교의 "처음 전통"을 교부들과 공의회들의 반성들로 이루어진 "지속된 전통"과 구분할 수 있는데 반해, "불교도들에게는 '신약성경'에 해당하는 것이 없다. '연속적 전통'은 분명하게 증명되는 모든 것이다."[25]

---

23) 존 로빈슨(John A. T. Robinson)은 모든 복음서의 기록시기를 70년 이전으로 잡는다. 대체로 어떤 복음서도 70년에 이루어진 예루살렘 멸망을 언급하지 않기 때문이다. *Redating the New Testament*(Philadelphia: Westminster Press, 1976) 참조.

24) Craig Blomberg, *The Historical Reliability of the Gospels*(Downers Grove, IL: InterVarsity Press, 1987), 26-27.

25) "Introduction," in *Buddhist Scriptures*, ed. Edward Conze(New York: Penguin Books, 1959), 11-12.

셋째, 많은 경우에 복음서들의 전통적인 원작이 비록 의문시되거나 거부되지만 배제될 수는 없다. 복음서들 자체에는 저자 서명이 들어가지 않은 것 같다. "……에 따르는 복음"이라는 제목들은 후대에 덧붙여졌을 수 있다.[26] 그렇지만 2세기에 나온 성경 외의 최초의 확증자료들은 예수의 제자들이 「마태복음」과 「요한복음」을 기록했으며, 사도 바울의 동료이자 의사인 사람이 「누가복음」을 기록했으며, 베드로 사도의 동행자가 「마가복음」을 기록했다고 여긴다. 전통적 저자들을 뒷받침하는 내적 증거도 일부 있다.[27]

전통적인 원저자가 타당하다면, 복음서 자료는 예수의 삶을 목격한 설명들에 의존하거나 목격자들의 이야기를 들은 사람들(마가가 사도 베드로에 의존한다)이나 적어도 목격자들보다 그리 멀지 않은 시기에 사건들을 연구한 사람들(누가의 연구들)에 의존한다. 전통적인 원저자가 의문시되거나 거부된다 할지라도, 위에서 언급된 사실들을 고려한다면 그 사실만으로는 그 문서들을 불신하지 못한다.

복음서의 정확한 문헌 자료들은 많은 논쟁의 대상이다. 「마태복음」과 「마가복음」, 「누가복음」의 자료들에 대한 물음과 「마태복음」과 「마가복음」, 「누가복음」의 관계는 "공관복음 문제"로 알려져 있다. 오늘날 많은 학자들은 「마가복음」이 먼저 기록되었고 아주 많은 경우에 「누가

---

26) 마틴 헹엘(Martin Hengel)은 The Four Gospels and the One Gospel of Jesus Christ(Trinity Press International, 2000)에서 복음서들에 서명이 없다는 전통적인 생각을 반박한다.

27) Douglas Moo, D. A. Carson, and Leon Morris, An Introduction to the New Testament(Grand Rapids, MI: Zondervan Publishing Company, 1992)에서 원저자에 대해 말하는 절들을 참조.

복음」과 「마태복음」이 「마가복음」의 자료에 의존하지만 두 복음 모두 「마가복음」에 있지 않는 자료를 공통되게 갖고 있다고 믿는다. 이 자료는 Q라고 불리는 분실된 문서에서 나온다고 추정된다. Q는 원천(Quelle)을 가리키는 독일어에서 가져온 표현이다. 일부 저명한 학자들은 「마태복음」이 먼저 기록되었다는 전통적인 견해를 고수한다. 「요한복음」은 상당수 자료를 공관복음들과 공유하며, 유일무이한 일부 요소들도 담고 있다.[28]

복음서에서 세부 사안들이나 연대순에 관해 나타난 차이들이 폭넓게 연구되었으며, 서로 다른 결론들에 이르렀다. 그럼에도 불구하고 이 차이들은 일부 설명이 잘못이라고 규정하기보다는 서로 공모했음을 가리킬 만한 평면적인 일치가 없음을 증명한다. 각 복음서 기자들은 특정 청중을 향해 기록했으며, 이에 따라 자신의 설명을 형성했다. 게다가 고대 저술가들이 언제나 엄격한 연대순의 제약을 받은 것도 아니었다. 고대 저술가들은 역사적인 설명들을 연대에 따라서가 아니라 주제별로 조직할 수 있다. 여러 설명 사이의 관점 차이가 모순이나 위조를 반드시 뜻하지는 않는다.

모든 복음서가 예수의 삶과 죽음의 중요한 사실들에 대해 일치한다. 예수의 잉태와 출생을 둘러싼 사건들에는 초자연적 색채가 깃들어 있었다. 예수의 젊은 시절이 상세하게 이야기되지 않는다. 예수의 직업은 그

---

28) Craig Blomberg, *The Historical Reliability of John's Gospel: Issues and Commentary*(Leicester and Downers Grove: InterVarsity Press, 2002), and Millard Erickson, *The Word Became Flesh: An Incarna tional Theology*(Grand Rapids, MI: Baker Books, 1992), 409~430쪽 참조.

의 아버지의 직업처럼 목수였다. 예수는 세례요한이라는 선지자의 보증을 받은 후 30년경에 공적 사역을 시작했다. 예수는 제자들을 주변에 모았고, 사회에서 천대받았던 사람들(세리稅吏, 장애인, 여성들)을 포함하는 다양한 부류의 사람들과 어울렸으며, 하나님 나라의 존재와 타당성을 설교하고, 병든 사람들을 고치고, 죽은 사람들을 일으켰으며, 다른 유형의 기적들을 행하고, 자신과 자신의 사역에 관해 극적인 신학적 주장들을 했다. 예수는 점차 당시의 종교체제에서 소외되기 시작했으며, 종교 체제에 몰려서 로마국가의 집행을 통해 십자가에 달려 죽었다. 예수는 묻혔다가 3일 후에 부활했으며, 세상이 끝나는 그날까지 그의 메시지를 땅끝까지 전하라는 명령을 제자들에게 내렸다. 복음서들은 이 모든 일에 관해 정확하게 일치한다.

예수와 영지주의 문서들

영지주의 문서들이 신약성경에서 배제되었음에도 불구하고 일부 사람들이 영지주의 문서들을 예수에 관한 중요한 자료라고 부르며 환호했다. 일반적인 영지주의적 관점은 물리 세계가 무가치하거나 악하다고 주장하며, 플레로마(pleroma, 충만을 가리키는 그리스어)로 불리는, 말로 표현될 수 없는 최고 영역의 존재를 긍정하며, 구약성경의 하나님을 최고 존재로 여기지 않는다. 영지주의는 신비적인 자기 인식을 통해 물리적 신체에서 벗어나는 것을 옹호하며, 인간의 중심 문제를 하나님을 거역하는 죄로 해석하지 않는다. 영지주의는 그 문제를 우리의 참된 기원이 물질을 넘어서는 영역에 있음을 알지 못하는 것으로 해석한다. 엘렌 페이글스와 같은 일부 학자들은 신비적이고 이원론적인 이 전통이 역사적 예수와 관련해서 복음서들과 동일한 지반에 있거나 좀 더 좋은 지반에 있다고 주장했다.[29] 예수 세미나가 "『도마복음』"을 예수에 관한 주된 자료들 가운데 포함시킨다. 그래서 그들의 책 제목이 『다섯 권의 복음』[30]이다. 『도마복음』은 내러티브적 맥락이 없이 예수의 짧은 말 114개를 모아놓은 것이다. 그 제목에도 불구하고 현대 학자들은 예수의 제자 도마가 그 책의 저자라고 믿지 않는다. 이 중 절반 이하가 공관복음에 있는 자료들과 대체로 비슷하지만, 마태와 마가, 누가가 제공하는 역사적 틀은 없다. 정경 밖의 말들이 자기 인식의 신비적이고 구원적인 능력을 강조하는데, 이것은 4복음서에서 발견되지 않으며 본질적으로 영지주의의 테마이다.

영지주의적 예수 설명들 가운데 『도마복음』은 1세기 초반에 기록되었다고 여길 수 있는 대표적인 후보자이다. 물론 어떤 경우에 많은 사람들이 그 저술의 연대를 2세기 중반으로 잡는다. 고대 문헌에서 『도마복음』이 최초로 언급된 글이 3세기 히폴리투스와 오리게네스에 나온다. 매우 늦은 이 언급들은 2세기 초까지 거슬러 올라가는, 4복음서에 대한 많은 언급들과 같지 않다. 『도마복음』이 정말 1세기 문서였다면 그렇게

---

29) Elaine Pagels, *The Gnostic Gospels*(New York: Random House, 1979).

30) 옮긴이 주 : Robert W. Funk, *The Five Gospels: What Did Jesus Really Say? The Search for the Authentic words of Jesus*(San Francisco: HaperOne, 1996).

긴 침묵이 있을 법하지 않을 것이다.[31] 게다가 도마가 각 복음서에서, 그리고 모든 추정되는 복음서 원천(Q 등)에서 비슷한 말들을 인용한다. 이 사실들은 『도마복음』이 이전 자료들에 기대고 있음을 강하게 암시한다. 이러저러한 이유 때문에 많은 학자들은 『도마복음』이 정경복음서 이후에 기록되었으며 예수에 관한 자료의 원 자료가 아니라 이전 설명들의 재설명이라고 주장한다.[32] 모든 다른 영지주의 텍스트들은 2세기나 3세기에 기록되었으며 이전에 있었던 예수 전통에 의존함이 분명하다. 그 텍스트들은 이전의 예수 전통을 복음서들에게 낯선 반대되는 세계관에 따라 재해석한다.

역사가 필립 젠킨스는 (『도마복음』과 같이) 영지주의의 "감추어진 복음서들"에 대한 오늘날의 관심의 상당수가 순수 학문적인 관심이기보다 정통을 뒤엎으려는 이데올로기적 관심임을 설득력 있게 주장한다. 왜냐하면 대안 자료들의 증거가 정경복음서와 관련해서 매우 약하기 때문이다. 젠킨스의 주장에 따르면, 많은 경우에 이 대안 복음서들을 옹호하는 역사적 근거는 중요한 문제들을 흐리는, 지나치게 극적인 용어들로 진술된다.[33]

그럼에도 불구하고 일부 사람들은 영지주의 자료들의 심리적 통찰 때문에 그 자료들에 끌린다. 이 통찰들은 정경복음서들에 나타난 관점들과 매우 다르다. 페이글스가 영지주의 가르침들과 현대 심리분석의 가르침들 사이에서 일치점들을 발견한다. 둘 다 내적 인식을 인간 해방

---

31) Gregory A. Boyd, *Cynic Sage or Son of God?*(Wheaton, IL: Victor Books, 1995), 134.
32) Blomberg, *Historical Reliability of the Gospels*, 211-212.
33) Philip Jenkins, *The Hidden Gospels*(New York: Oxford University Press, 2001) 참조.

의 원천으로 여겨 강조한다.[34] 대부분의 심리분석이—특히 프로이트식 분석이—형이상학적으로 높지 않은 의미의 자아에서 작동하고 있지만, 영지주의는 내적 자아나 참된 자아가 신적이라고 주장한다. 정신의학자이자 저술가인 칼 융(Carl Jung, 1875-1961)은 비록 성경학자가 아니었지만, 영지주의의 영향을 크게 받았으며, 심리학적으로 볼 때 영지주의가 정통 기독교보다 우월하다고 주장했다.[35]

이 장의 논증들에 비추어 볼 때 이 책의 나머지 부분은 정경복음서들을—유일하지는 않더라도—주된 참고자료로 사용하면서 예수의 가르침과 삶을 제시할 것이다. 이것은 독자들이 이 설명들에 기술된 사건들의 역사성과 의미를 증거하는 내적 증거를 평가하는 데 더 많은 도움을 주어야 한다.

---

34) Elaine Pagels, *The Gnostic Gospels*, 119-141.

35) C. J. Jung, *Memories, Dreams, and Reflections*(New York: Vintage Books, 1973), 192.

Chapter 3

예수의 논증 사용

ON
JESUS

우리는 예수의 신분과 가르침을 평가할 때 복음서의 역사적 증언뿐 아니라, 복음서 기자들이 제공하는 예수의 삶과 가르침의 내적 증거도 살펴볼 필요가 있다. 이 역사적 기록들에 "진리의 반지"가 있는가? 우리 스스로 판단해야 한다. 이 장과 다음 장은 예수의 가르침들을, 예수가 그의 세계관과 신분에 관해 논증하는 방식들에 초점을 둘 것이다. 우리는 예수가 중요한 논리적 논증들에 철학자답게 착수했는지 여부를 살펴보는 일부터 시작한다. 많은 사람들은 예수가 철학자 이상이었음을 강조한다. 그럼에도 불구하고 초자연적 예수를 묘사하는 복음서 설명들은 논리와 논증에 대해 큰 관심을 드러내는 논증적 충돌들도 담고 있다.

예수가 합리성을 얕보았는가?

성경학자 존 스토트는 예수가 "모든 것을 다 받아들이지" 않는다는 점에서 "논쟁을 좋아한 분"이었다고 말한다. 예수는 중요한 주제들에 관한 견해 모두에 호의를 보이지는 않았다. 도리어 예수는 다방면에 걸쳐 논쟁했는데, 그 가운데 일부는 정말 뜨거운 논쟁이었다. 대부분은 예수 당시의 유대 지도자들이었던 지성인들과 벌인 논쟁이었다. 예수는 대중의 의견이 조금이라도 그르다고 여기는 경우 망설이지 않고 그 의견에 반대했다. 많은 경우에 예수는 진리의 가치와 오류의 위험성에 관해 열정적으로 말했다. 예수는 진리에 근거를 제시하고 오류에 반대하기 위해 논증을 제시했다.[1]

철학자 달라스 윌라드가 언급하듯이, 예수의 논리 사용이 논리에 특별한 의미를 추가했다.

> 논리학을 사용할 때 예수의 목표는 전투에서 이기는 것이 아니라, 청중에게서 이해나 통찰을 이루는 것이다. …… 즉, 예수는 모든 것을 분명하게 밝힘으로써 결론을 청중에게 억지로 강요하려 하지 않는다. 도리어 예수는 사안을 제시함으로써 알려는 사람들이 그들이 발견한 것과 같이 적합한 결론에 이르는 길을 발견할 수 있고 그 결론에 이를 수 있게끔 한다―이것은 그것이 그들이 특별히 바라는 것인지 여부와는 무

---

1) John R. K. Stott, *Christ the Controversialist*(Downers Grove, IL: InterVarsity Press, 1970), 18.

관하다.[2]

월라드의 주장에 따르면, 논리에 대한 관심은 어떤 지적 기술들을 요구할 뿐 아니라, 진리치와 논리가 우리 삶에서 중요함과 관련하여 어떤 인격적 헌신도 요구한다. 생각이 깊은 사람이라면 명료하게 집중하고, 타당하게 대화하고, 진리가 어디에 도달하든 그 진리를 기꺼이 따르려 함으로써 논리와 논증을 존중하는 길을 택해야 한다. 이러한 인지적인 태도에는 도덕적 삶이 요구된다. 우리는 결의와 끈기, 용기 외에 (숨은 동기 때문에 사실과 논리에 반대하는) 위선과 (그럴듯한 이유를 들어 동기들의 논리적 뒷받침에 대해 무관심한 상태로 의견을 택하는) 천박함을 피해야 한다. 제임스 사이어(James Sire)처럼 월라드도 이 점에서 예수를 모델로 삼는다.[3]

그럼에도 불구하고 철학자 마이클 마틴은 (그가 그 설명의 신뢰성을 의심하는) 복음서 설명의 예수가 "중요한 지적 미덕들을 구체적으로 보여주지 못하며, 예수의 말과 행위가 모두 예수가 이성과 학문을 가치 있게 여기지 않았음을 보여주는 것 같다"고 주장한다. 예수는 "그의 사역 전체의" 근거를 "신앙에"[4] 두었다. 마틴의 해석에 따르면 하늘나라에 들어가려면 어린이와 같아야 할 필요가 있다는 예수의 말은(「마태복음」, 18장 3절) 무비판적 믿음을 칭송하는 것이다. 마틴의 비난에 따르면, 예수가 그분의 가르침

---

2) Dallas Willard, "Jesus, the Logician," *Christian Scholars Review* XXVIII, no.4 (1999): 607.

3) James Sire, *Habits of the Mind: Intellectual Life as a Christian Calling*(Downers Grove, IL: InterVarsity Press, 2000), 203.

4) Michael Martin, *The Case Against Christianity*(Philadelphia: Temple University Press, 1991), 167.

을 받아들일 이유를 주었을 때 그 이유는 그 나라가 가까이 왔다는 것이 거나 그렇지 않다면 믿는 사람들이 천국에 가고 믿지 않은 사람이 지옥에 갈 것이라는 것이었다. 마틴은 "이 주장들에 관한 이성적인 정당화는 전혀 주어지지 않았다"[5]고 가정한다. 예수에게는 불합리한 신앙이 좋았다. 이성적 증명과 비판은 그릇되었다.

이것들은 예수가 추론을 가치 있게 보고 잘 전개된 세계관을 주장한 철학자였다는 주장을 반박하는 비난들이다. 내 생각에 마틴은 어린이와 같이 되는 것에 관한 예수의 말을 잘못 이해했다. 만일 나머지 복음서 자료들이 예수가 그분의 가르침이나 주장에 대한 이성적 평가를 피하거나 꾸짖는 모습을 일관되게 보여주었다면, 마틴의 주장이 정당하다고 입증될 것이다. 앞으로 살펴보겠지만, 이것은 사실이 아니다. 어린이들을 높게 평가한 바로 그 예수가 "네 마음을 다하고 목숨을 다하고 뜻(mind)[6]을 다하여 주 너의 하나님을 사랑하라"(「마태복음」, 22장 37절. 강조는 필자의 것)고도 말했다.

정말 예수는 사람들이 어린이들을 통례적으로 칭찬하는 이유와 동일한 이유 때문에 어린이들을 칭찬했을 것 같다. 어린이들이 모델로 간주되는 이유는 비이성적이거나 미성숙하기 때문이 아니라, 사랑과 헌신, 삶에 대한 열정에서 정직하고 성심성의를 다하기 때문이다. 어린이들은 매우 겸손할 수 있고 자기욕심과 조작으로 가득 찬 어른들 세계의 허식

---

5) 같은 글.
6) 옮긴이 주 : 한글개역개정판에는 '뜻' 으로 번역되지만, 영어 번역에서는 이성적 활동을 하는 '정신' 을 가리킨다.

과 젠체하는 태도를 배우지 않았기 때문에도 존중받는다. 「마태복음」, 18
장에 나오는 이야기는 어린이에 대해 호의적인 바로 이 견해를 염두에
둔다. 예수가 제자들의 질문을 받는다. "하늘나라에서는 누가 가장 큰 사
람입니까?" 예수는 한 어린이를 불러 그들 가운데 세우고 대답한다.

> 진실로 너희에게 이르노니 너희가 돌이켜 어린아이들과 같이 되지 아니
> 하면 결단코 천국에 들어가지 못하리라. 그러므로 누구든지 이 어린아
> 이와 같이 자기를 낮추는 사람이 천국에서 큰 자니라. 또 누구든지 내
> 이름으로 이런 어린아이 하나를 영접하면 곧 나를 영접함이니(「마태복음」,
> 18장 3-5절).

"어린아이들과 같이 된다"의 의미는 (마틴에게 미안하지만) "무비판적이고
사려 없게 된다"가 아니라, "겸손하게 된다"이다. 예수는 겸손에 대해
(구약성경에서처럼) 많이 이야기했으며, 겸손을 어리석음이나 무지, 멍청함과
관련시키지 않았다.[7] 예수는 하나님이 복음을 지혜 있고 똑똑하다고 여
기는 사람들에게 나타내지 않으시고 겸손한 사람들에게 나타낸 것에 대
해 하나님께 감사했다. 그렇지만 이것은 지혜 때문에 예수의 메시지를
믿는 일을 할 수 없었다는 뜻이 아니라, 당시 일부 지성적/종교적 지도
자들이 예수의 메시지를 파악할 수 없었다는 뜻이다. 그 메시지는 겸손
하게 하는 결과를 낳기 때문이다(「마태복음」, 11장 25-26절 참조).

---

7) 「마태복음」, 23장 1-12절과 「누가복음」, 14장 1-14절, 18장 9-14절 참조.

겸손이 지혜나 이성적인 탐구와 양립 불가능한 것이 아니라면, 예수가 멍청함이나 고지식함을 칭찬한다고 믿을 이유가 없다. 우리 대부분은 지성이 굳건하며 마음이 부드러운 소수의 귀한 남녀들을 만났다. 그들은 진리를 타당하게 추구하지만 교만하거나 자만하지 않는다. 게다가 많은 경우에 어린이들은 신랄하고 어려운 질문들을─심지어 철학적인 성격의 질문들도─한다. 마틴은 예수의 말에 부당한 의미를 뒤집어씌우는 것 같다.

마틴은 예수가 자신의 가르침을 뒷받침하기 위해 내놓는 유일한 이유가 하나님의 나라가 가까이 왔으며 비신앙인들이 신앙인들에게 주어지는 하늘의 유익을 받지 못할 것이라는 것이라고 우겨댄다.[8] 이것이 사실인가?

첫째, 예수는 하나님의 나라에 대해 많이 이야기했으며, 하나님의 나라를 사용해서 가르침과 설교 일부를 정당화했다. 예수의 공생애의 첫 번째 메시지는 "회개하라. 천국이 가까이 왔느니라"(「마태복음」, 4장 17절)이다. 예수는 사람들에게 삶의 방향을 영적으로 도덕적으로 바꾸라고 권고했다. 하나님이 전대미문의 극적인 방식으로 역사 속에 뛰어들어 왔기 때문이다. (a) 하나님이 예수 당시에 이런 식으로 활동하고 있었다면, 그리고 (b) 사람들이 하나님의 나라의 출현의 증거를 주로 예수 자신의 행동들을 통해 발견할 수 있다면, 이것이 반드시 비이성적이거나 근거 없는 주장이 되어야 하는 것은 아니다. 복음서의 설명에 따르면 하나님의

---

8) Michael Martin, *The case Against Chistianity*, 167.

나라는 오직 예수의 가르침과 행동에만 고유하게 있다. 그래서 예수는 "내가 하나님의 성령을 힘입어 귀신을 쫓아내는 것이면 하나님의 나라가 이미 너희에게 임하였느니라"(「마태복음」, 12장 28절)고 주장한다. 예수의 청중은 예수가 유일한 권위로써 악령들을 쫓아내고 있다고 여겼기 때문에, 예수는 전건긍정 논증을 제시하고 있었다. 만일 P라면, Q이다. P이다. 그러므로 Q이다. 이 간략한 관찰은 비록 증거에 근거를 두거나 논리적으로 제기된 질문들을 모두 해결하지는 못하지만, 하나님의 나라를 옹호하는 예수의 논증이 예수의 가르침과 목적을 논리적으로 뒷받침하는 데 이바지할 수도 있다는 사실을 가리킨다. 예수는 주장만 하지도 않고 근거 없는 위협도 하지 않고, 유치하거나 비겁하게 굴종하는 것을 기대하지도 않는다.

둘째, 예수가 하나님의 심판이나 보상이라는 개념을 사용한 용법이 예수의 논증 사용을 대신하거나 대체하지 않았다. 예수의 정상적인 논증형식은 다음과 같지 않았다. "당신이 X를 믿는다면, 당신은 보상받을 것이다. 당신이 X를 믿지 않는다면, 당신은 그 보상을 잃을 것이다. 그러므로 X를 믿어라." 예수는 경고하고, 현세에서의 행위를 죽음 이후의 삶과 관련짓는 약속을 할 때(「요한복음」, 3장 16–18절 참조), 철학자로서가 아니라 선지자로서 말했다. 예수는 예수에 대한 충성 때문에 박해를 받고 거짓 고소를 당할 사람들에게 말할 때 다음과 같이 말했다. "기뻐하고 즐거워하라. 하늘에서 너희 상이 큼이라"(「마태복음」, 5장 12절). 이 사안에서 예수의 말이 믿을 만한지 여부는 모든 점에서 예수의 특별한 논증들에 달려 있지 않고, 예수의 도덕적이고 영적인 권위에 달려 있다. 만일 우리가 예수를 권위 있는 분으로 여길 근거를 가진다면, 이 견해들을 이성적으로 믿을 수 있다. 이것은 우리가 믿을 만하다고 여기는 다양한 다른 권위들을 자격증명서와 학업과정의 성적에 근거해서 믿는 것과 같다.

딜레마의 뿔을 피하기

우리는 예수가 잘 개발된 합리성을 자랑했는지 여부를 발견할 수 있는 기록을 살펴볼 필요가 있다. 여러 사례들은 예수가 도전받았을 때 딜레마의 뿔을 멋지게 피할 수 있는 능력을 잘 설명해준다. 두 가지 재미있는 사례가 「마태복음」, 22장에 나온다.

바리새인들의 제자들과 여러 헤롯당원들이 논쟁거리인 정치적 질문을 예수에게 던졌다. 유대인들의 강력한 종교지도자들이었던 바리새인들은 로마가 팔레스타인 유대인들에게 가한 규칙에 반대하던 열렬한 민족주의자들이었다. 그와 반대로 헤롯당원들은 팔레스타인을 엄격하게 통치하던 로마 통치자 헤롯왕가를 따르고 옹호하는 사람들이었다. 그들은 처음에 예수의 온전함에 관해 아첨을 몇 마디 한 후에 갑자기 덫을 놓으려 했다. "그러면 당신의 생각에는 어떠한지 우리에게 이르소서. 가이사(황제)에게 세금을 바치는 것이 옳으니이까, 옳지 아니하니이까?"

(「마태복음」, 22장 17절)

예수는 곤란한 딜레마에 직면했다. 만일 예수가 바리새인들의 편을 든다면, 그는 (국가에 대한 폭력혁명을 옹호한 유대인 열심당원들처럼) 폭력선동가이자 위험

요인으로 여겨질 수도 있을 것이다. 예수가 세금 납부를 인정한다면, 이스라엘의 하나님에게 영광을 돌리지 않고 세속적이고 불경한 권력에 빌붙어 배반한다고 여겨질 것이다. 예수는 하나님께 충성하지 않는다는 비난을 받을 것이다. 이것은 "양편 어느 쪽에서도 비난받지 않을 수 있는" 상황이 아니었다. 마태가 우리에게 말하듯이, 바리새인들은 "어떻게 하면 예수를 말의 올무에 걸리게 할까" 계획했다「마태복음」, 22장 15절).

예수는 세금을 낼 때 사용되는 동전인 데나리온을 달라고 함으로써 응수했다. 예수가 물었다. "이 형상(초상)과 이 글이 누구의 것이냐?" 그들은 그것이 황제의 것이라고 대답했다. 예수가 이제 그 유명한 말을 한다. "그런즉 가이사(황제)의 것은 가이사에게, 하나님의 것은 하나님께 바치라"「마태복음」, 22장 18-22절).

예수는 차가운 머리와 날카로운 지성을 보여준다. 예수는 우리가 교회/국가 관계라고 부를 것과 관련되는 고전적인 딜레마에 직면했을 때 딜레마의 양 뿔을 논리적으로 피해가는 길을 발견한다. 예수는 황제를 하나님으로 만들지 않으면서 황제 통치의 자리를 하나님 아래에 마련한다. 동전에 있는 황제의 초상(티베리우스 황제의 상반신)은 황제에게 신성을 부여하는 명각이다. 예수는 황제를 하나님과 구별할 때 황제에게 있다고 여겨진 신성을 황제에게서 벗겨낸다.

예수의 말은 짧고 간결하지만 많은 정치철학자들에게 영감을 주었으며, 종교와 그 밖의 문화의 관계에서 제약 국가(limited state)라는 개념을 설명하고 적용하게 했다. 예수는 발전된 정치철학을 주지 않지만(어쨌든 누구도 그런 철학을 요구하지 않았다) 그 문제들을 깊이 깨닫고 있음을 보여주며, 공적인 압력을 받았을 때 지혜롭게 반응한다. 다른 사례들에서도 예수는 불충성하는 유대인이나 폭력 선동가로 나타나지 않는다. 예수는 황제 대신 하나님을 "천지의 주재"(하늘과 땅의 주님)라고 부르지만(「마태복음」, 11장 25절), (황제의) 잠정적인 권위를 없애지 않는다. 예수는 처형되기 전에 열린 재판에서 빌라도에게 다음과 같이 말한다. "위에서 주지 아니하셨더라면 나를 해할 권한이 없었으리니"(「요한복음」, 19장 11절).

　마태는 세금납부에 관한 물음 바로 직후에 또 다른 지적인 충돌을 기록한다. 유대인의 영향력 있는 또 다른 집단인 사두개인들이 죽음 이후의 삶에 대한 물음과 관련해서 예수를 궁지에 빠뜨리려 한다. 사두개인들은 (비록 유신론자들이었지만) 바리새인들과는 달리 죽음 이후의 삶을 믿지 않았으며, 천사나 영들도 믿지 않았다. 사두개인들은 모세오경(구약성경의 첫 번째 다섯 권)[9]에만 특별한 권위를 부여했다. 사두개인들은 예수에게 "어떤 사람이 자식 없이 죽으면, 그 동생이 형수에게 장가들어서, 그 후사를 세워 주어야 한다"는 모세의 명령을 떠올린다. (이것은 형사취수제라고 불린다.) 이어서 사두개인들은 바로 그 여성이 일곱 형제들과 계속 결혼하고 미망인이 되는 사유실험을 제안한다. 그 형제들 가운데 누구도 그녀에게서 아이를 낳지 못한다. 그 후에 그 여인이 죽는다. 그들이 날카로운 질문을 던진다. "그런즉 그들이 다 그(미망인 - 옮긴이)를 취하였으니 부활 때에 일곱 중의 누구의 아내가 되리이까?"(「마태복음」, 22장 23–28절)

---

9) 옮긴이 주 : 「창세기」, 「출애굽기」, 「레위기」, 「민수기」, 「신명기」는 모세가 기록한 정경이라는 의미에서 모세오경으로 불린다.

이 논증은 재치 있는 논증이다. 사두개인들은 예수가 그들처럼 모세 율법을 존중한다는 사실을 안다. 사두개인들은 예수가 그들과는 달리 죽은 사람의 부활이 있을 것이라고 가르친다는 사실도 안다. 사두개인들은 이 두 믿음이 논리적으로 서로 모순된다고 생각한다. 두 믿음이 모두 참일 수는 없다. 부활했을 때 그 여성이 일곱 명과 결혼할 수는 없다. (모세율법은 일처다부제를 허락하지 않았다.) 그 여성이 일곱 명 중 한 사람과 결혼해(서 일부일처제를 존중해)야 할 이유도 없다. 그러므로 사두개인들이 계산하기로는, 예수가 모순에서 벗어날 수 있으려면 모세에 반대해야 하거나 그렇지 않으면 죽음 이후의 삶을 부정해야 한다. 사두개인들은 이것을 논리적인 딜레마로 제시하고 있다. 'A(모세의 권위)는 아니고 B(죽음 이후의 삶)이다' 가 아니며, 'A인 동시에 B이다' 가 아니며, 'A이거나 그렇지 않으면 B이다' 이다.

우리가 말했듯이, 칼 야스퍼스와 험프리 카펜터는 예수가 무모순성에 대해 무관심했다고 주장하며, 마이클 마틴은 예수가 이성보다 무비판적인 신앙을 칭찬했으며 보상과 처벌을 통해서만 믿음을 유도했다고 주장한다. 이 비난들이 옳다면, 사람들은 예수가 (a) 경건하고 무관한 말을 통해 질문을 피하거나, (b) 그분의 권위를 감히 의문시하는 사람들에게 지옥이 있다고 위협하거나, (c) 논리적으로 양립할 수 없는 두 명제를 주저함이나 부끄럼 없이 그냥 진술할 것이라고 기대할 것이다. 그 대신 예수는 사두개인들이 성경과 하나님의 능력을 알지 못했기 때문에 잘못에 빠졌다고 곧바로 말한다.

부활 때에는 장가도 아니 가고 시집도 아니 가고 하늘에 있는 천사들과 같으니라. 죽은 자의 부활을 논할진대 하나님이 너희에게 말씀하신 바 나는 아브라함의 하나님이요, 이삭의 하나님이요, 야곱의 하나님이로라 하신 것을 읽어 보지 못하였느냐. 하나님은 죽은 자의 하나님이 아니요, 살아 있는 자의 하나님이시니라(「마태복음」, 22장 30–32절).

예수의 반응에는 빈틈이 없다. 이것을 대번에 알지 못할 수도 있다. 첫째, 부활 신앙은 사람들이 죽기 이전의 우리 제도들이 죽은 후의 부활 세계에서 유지될 것임을 믿어야 함을 뜻한다는 사두개인들의 전제에 예수가 도전했다. 구약성경 어디에도 이 전제를 가르치지 않는다. 예수도 그 전제를 믿지 않았다. 그래서 딜레마가 해결된다. 예수가 제3의 대안을 말하기 때문에 그것은 거짓 딜레마이다. 부활할 때 결혼 상태란 없다. 둘째, 사두개인들의 논리적 덫에 대한 반응의 일부로서 예수는 남자들과 여자들의 부활 상태를 천사들의 상태에 비유함으로써, 천사들을 믿지 않는 사두개인들의 불신에 도전한다. (사두개인들은 천사들을 믿지 않았지만 천사들을 믿는 그들의 동료 유대인들이 천사들이 결혼하지 않거나 출산하지 않는다고 생각하고 있음을 알았다.) 셋째, 예수는 사두개인들이 존중하는 성경의 한 본문(「출애굽기」, 3장 6절)을 인용한다. 그 구절에서 하나님은 불타는 떨불에서 그분이 아브라함과 이삭, 야곱의 하나님이라고 모세에게 말한다. 예수는 부활을 뒷받침하기 위해 선지서(「다니엘」, 12장 2절)나 「욥기」(19장 25–27절)와 같은 모세오경 밖의 글에서 다양한 텍스트를 인용할 수 있었다. 그런데 그 대신 예수는 사두개인들이 믿으며 자신도 인정하는 자료들을 멋지게 인용함으로 논증한다. 넷째, 예수는 자신이 인용하는 동사의 동사시제를 이용한다. 하나님은 아브라함과 이삭과 야곱의 하나님이다(현재시제). 하나님께서 모세에게 이 말씀을 할 때 세 사람 모두 이미 죽었다. 하나님은 그들이 이 땅에서 죽었을 때 더 이상 그들의 하나님이 아니게 되는 것은 아니었다. 하나님은 "내가 그들의 하나님이었다"(과거시제)고 말하지 않았다. 하나님은 "죽은" 족장들까지 포함하는, 살아 있는 사람들의 하나님이다. 마태는 "예수께서 사두개인들로 대답할 수 없게 하셨기" 때문에 "무리가 듣고 그(예수)의 가르침에 놀라더라"(「마태복음」, 22장 33-34절)는 말을 덧붙인다.

강이유 논증들

예수는 강이유(라틴어 "더 강한 것으로부터의") 논증들을 좋아했다. 많은 경우에 이 논증들은 복음서에서 간결하지만 설득력 있게 나타난다.[10] 이 논증들은 이러한 논리적인 구조를 갖고 있다.

1. 진리 A가 받아들여진다.
2. (A와 적절하게 비슷한) B의 진리를 뒷받침하는 것은 A의 진리를 뒷받침하는 것보다 훨씬 더 강하다.

---

10) 예를 들어 「누가복음」, 11장 11-2절, 12장 4-7절, 12장 24절, 12장 27-28절, 12장 54-56절, 13장 14-16절, 14장 1-5절, 18장 1-8절 참조.

3. 그러므로 A의 진리가 받아들여져야 한다면, B의 진리도 받아들여져
   야 한다.

강이유 논증이 세 가지 방식으로 실패할 수 있다. 첫째, A를 참으로 받아들인 것이 잘못일 수 있다. 그렇다면 그 결론이 나오지 않을 것이다. 가령 "아마추어 점성가가 잘 예측한다면, 전문가 점성가가 얼마나 훨씬 더 정확하게 예측할 것인가"이다. 둘째, A와 B의 관계가 좀 더 강력하지 않을 수 있다. 이를테면 플라톤이 『크리톤』에서 하는 말에 따르면, 만일 우리가 우리 부모에게 존경과 감사를 드려야 하고 우리 부모에게 해를 가하지 않아야만 한다면, 우리는 아테네의 법들에 대해 더 큰 존경과 감사를 드려야 하며 그 법에 반대하는 일을 하지 않아야만 한다. 누군가 부모에게 바쳐야 하는 충성이 국가에게 바쳐야 하는 충성보다 더 크거나 그것과 같다고 주장할 수도 있다. 그렇다면 좀 더 강력한 관계란 없다. 셋째, B가 A와 적절하게 비슷하지 않아서 유비를 파괴할 수 있다. 가령 "고함치는 일이 야구경기에서 수용된다면, 대학졸업식에서 고함치는 일은 얼마나 더 수용될 수 있단 말인가"이다. 야구경기와 졸업식이 서로 다른 예의범절의 규범을 지닌 매우 다른 공적인 환경이기 때문에, 그 연결은 무너지고, 시도된 강이유 논증이 실패한다.

예수가 안식일에 치유하는 일이 적법한지에 관해 바리새인을 반박하는 논증을 살펴보라.

내가 한 가지 일을 행하매 너희가 다 이로 말미암아 이상히 여기는도다.

모세가 너희에게 할례를 행했으니 (그러나 할례는 모세에게서 난 것이 아니요, 조상들에게서 난 것이라) 그러므로 너희가 안식일에도 사람에게 할례를 행하느니라. 모세의 율법을 범하지 아니하려고 사람이 안식일에도 할례를 받는 일이 있거든 내가 안식일에 사람의 전신을 건전하게 한 것으로 너희가 내게 노여워하느냐. 외모로 판단하지 말고 공의롭게 판단하라(「요한복음」, 7장 21-24절).

예수의 논증을 이런 식으로 체계적으로 말할 수 있다.

1. 바리새인들은 일하지 않고 쉬는 날인 안식일에 행해지는 할례도 인정한다. (할례는 남자가 태어난 지 8일 만에 행해졌다. 어떤 경우에 이 날이 그 주(週)의 일곱 번째 날인 안식일과 겹쳤다.) 이러한 할례는 선한 행동이기 때문에 안식일 율법을 어기지 않는다.
2. 사람 전체를 치유하는 것은 할례보다 훨씬 더 중요하고 유익하다. 할례는 남자의 한 측면에만 영향을 주기 때문이다.
3. 그러므로 만일 안식일에 행해지는 할례가 안식일 위반이 아니라면, 예수가 안식일에 어떤 사람을 치유하는 것도 안식일 위반이 아니다.

"외모로 판단하지 말고 공의롭게 판단하라"는 예수의 결론적인 언급은 바리새인들이 그들의 도덕적, 종교적 원리들을 적용할 때 비논리적이고 모순됨을 나무란다.

예수는 안식일의 의미에 관해 여러 구절에서 비슷한 방식으로 논증한다. 안식일에 예수가 허리가 굽은 여성을 치유한 후에 회당장이 화가 나서 말했다. "일할 날이 엿새가 있으니 그동안에 와서 고침을 받을 것이요, 안식일에는 하지 말 것이니라." 예수는 사람들이 안식일에도 소나 나귀를 외양간에서 풀어내어 끌고 나가 물을 먹이는 것이 적법할 수 있다는 사실을 회당장에게 떠올린다. "그렇다면 18년 동안 사탄에게 매여 있던 이 아브라함의 딸을 안식일에라도 매인 것에서 풀어줘야 하지 않겠느냐?" 예수의 논증은 이와 같다.

1. 유대인들은 동물의 행복을 염려하여 안식일에도 동물들을 외양간에서 적법하게 풀어준다.

2. (만성 쇠약에서 자유롭게 되는) 한 여성의 행복은 동물에게 물을 먹이는 것보다 훨씬 더 중요하다.

3. 그러므로 만일 안식일에 동물에게 물을 먹이는 것이 안식일 위반이 아니라면, 예수가 안식일에 그 여인을 치유하는 것도 안식일 위반이 아니다.

누가는 예수가 "이 말씀을 하시매 모든 반대하는 자들은 부끄러워하고 온 무리는 그가 하시는 모든 영광스러운 일을 기뻐하니라"고 기록한다(「누가복음」, 13장 10-17절).

예수가 논증에서 증거에 호소함

많은 경우에 예수는 사람들에게 무비판적인 신앙을 택하라고 요구하는 신비적인 인물로 묘사되지만, 자신의 주장들을 확증하기 위해 증거에 호소한 경우가 많다. 감옥에서 고달파하고 있던 세례요한이 예수께 사자들을 보내어 질문하도록 했다. "오실 그이가 당신이오니이까? 우리가 다른 이를 기다리오리이까?"(「마태복음」, 11장 3절) 이것은 복음서가 예수의 선지자적 선구자로 제시한 사람에게서 나오기에는 이상한 질문처럼 보일 수 있다. 세례요한은 예수가 메시아라고 외쳤다. 그렇지만 예수는 "당신은 신앙을 가져야 한다. 당신의 의심을 막아라"고 말함으로써 그 질문을 꾸짖는 일을 하지 않는다. 예수는 "당신은 믿지 않는다면 지옥에 갈 것이고 천국에 가지 못할 것이다"고 비난하지도 않는다. 그 대신 예수는 그분의 사역의 독특한 점들을 상세하게 이야기한다.

> 너희가 가서 보고 들은 것을 요한에게 알리되 맹인이 보며 못 걷는 사람이 걸으며 나병환자가 깨끗함을 받으며 못 듣는 자가 들으며 죽은 자가 살아나며 가난한 자에게 복음이 전파된다 하라. 누구든지 나로 말미암아 실족하지 아니하는 자는 복이 있도다(「마태복음」, 11장 4-6절; 또한 「누가복음」, 7장 22절도 참조).

치유하고 가르치는 예수의 사역은 그분의 메시아적 신분을 적극적으로 증명하는 데 이바지한다고 여겨진다. 그 사역은 구약성경의 메시아

예언을 성취하기 때문이다.[11] 예수가 주장하는 것을 명료한 논증 형식
으로 표현한다면 이러하다.

1. 만일 누군가 X 종류의 행위들(위에서 인용한 행위들)을 한다면, 그는 메시아
   이다.

2. 나는 X 종류의 행위를 하고 있다.

3. 그러므로 나는 메시아이다.

이것은 전건긍정 형식의 논증이다. (만일 P라면 Q이다. P이다. 그러므로 Q이다.) 이
논증은—예수의 사역인—경험적인 주장들을 그 논증의 사실적인 근거
로 사용한다. 예수가 인용하는 행위들은 "오실 분"인 메시아를 확인해
주는 필요충분조건을 지적하는 것으로 여겨진다.

예수는 안식일에 또 다른 사람을 치유한 후, 일했기에 거룩한 날을 위
반했다는 도전을 종교지도자들로부터 받았다. 예수는 "내 아버지께서
이제까지 일하시니 나도 일한다"고 대답한다. 예수의 반대자들은 이것
을 불경으로 여긴다. "그것은, 예수께서 안식일을 범하셨을 뿐만 아니
라, 하나님을 자기 아버지라고 불러서, 자기를 하나님과 동등한 위치에
놓으셨기 때문이다."(「요한복음」, 5장 17-18절). 어떤 경우에 옛 유대인들은 하나
님을 아버지라고 여겼지만, "내 아버지"라는 소유격을 사용하지 않았다.
옛 유대인들은 이 표현이 창조주와 피조물 사이의 관계를 너무 가깝게

---

11) 「이사야」, 26장 19절, 29장 18-19절, 35장 4-6절, 61장 1-2절 참조.

놓는다고 여겼기 때문이다.

예수는 이 결론을 부인하지 않고, 실제로 그분이 "자신을 하나님과 동등하게 여긴다"는 그들의 결론을 강화시키는 여섯 가지 다른 진술을 한다.

1. 예수는 죽은 사람에게 생명을 줌으로써 아버지와 같은 방식으로 일한다(「요한복음」, 5장 19-21절).

2. 예수는 아버지의 대변자로서, 아버지의 권위를 갖고 심판한다(「요한복음」, 5장 22절, 27절).

3. 예수가 존경받지 않는다면, 아버지 하나님이 존경받지 않는 것이다 (「요한복음」, 5장 23절).

4. 예수를 믿는 사람은 하나님을 믿는 것이다(「요한복음」, 5장 24-25절).

5. 하나님처럼(「신명기」, 30장 20절을 참조.) 예수도 자신 안에 생명을 갖는다(「요한복음」, 5장 26절).

6. 예수는 아버지와 완전히 일치한다. 예수는 아버지를 온전하게 기쁘게 한다. 이 주장은 구약성경에 나타난 어떤 유대인도 하지 않았다(「요한복음」, 5장 30절).

이 추가 주장들은 (참인 경우) 예수가 "하나님과 동등하다"고 생각할 이유를 추가로 준다. 그렇지만 예수는 그것을 개인의 주장 차원에 버려두지 않는다. 예수는 청중들이 이해하기 쉬운 증거에 호소한다.

1. 존경받는 선지자 세례요한이 예수의 신분에 대해 증언했다(「요한복음」, 5장
   31-35절).

2. 예수의 기적 사역도 예수의 신분을 증언한다(「요한복음」, 5장 36절).

3. 아버지가 예수의 신분을 증언한다(「요한복음」, 5장 37절).

4. 이와 마찬가지로 성경이 예수의 신분을 증언한다(「요한복음」, 5장 39절).

5. 모세가 예수가 누구인지에 대해 증언한다(「요한복음」, 5장 46절).

이 논증들의 위력을 논의할 시간이 우리에게 있을 수 없지만, 결론은
예수가 그분의 지적 반대자들과 함께 추론을 사용했다는 것이다.[12] 예
수는 명제들을 그냥 선언하지 않았으며, 동의하지 않는 사람들에게 처
벌로 위협하거나 그분의 반대자들을 영적이지 못하다고 공격하지도 않
았다. 예수는 논증과 증거를 매우 높게 평가했다.

귀류법 논증들

귀류법 논증형식이 흔히 철학자들과 그 밖의 사람들에 의해 사용(되고
남용)된다. 귀류법 논증은 성공적인 경우에 비논리적 입장을 강력하게 반
박한다. 그 용어는 "부당함으로 환원"을 뜻한다. 귀류법 논증은 하나 또

---

12) 여기서 나는 제임스 사이어(James W. Sire)가 한 말로부터 도움을 받았다. 그의 책 *Habits of the Mind*, 191-
192쪽 참조.

는 그 이상의 주장을 취해서, 그 주장들이 부당하거나 모순된 결론에 이른다는 사실을 증명한다. 귀류법 논증은 원래의 생각들이 거짓임이 분명함을 증명한다. 그러한 논증이 논리적으로 작용하기 위해서는 명사(名辭)들 사이의 함축관계가 타당해야 하며, 가정된 부당함이 정말로 그러해야만 한다. 귀류법 논증의 한 가지 실패 사례를 살펴보자.

1. 만일 미국 남부의 노예들이 해방된다면, 여성들이 투표권을 원하고 투표권을 얻을 것이다.
2. 여성이 투표권을 얻는다는 생각은 부당하다.
3. 그러므로 남부 노예들이 해방되어서는 안 된다.

(남북전쟁 이전에 일부 노예주인들이 했던) 이 우스꽝스러운 논증은 실패한다. 성인 여성들이 참정권을 행사한다는 생각은 부당하지 않기 때문이다. 그런데 예수의 귀류법 용법을 살펴보자.

예수는 바리새인들에게 "너희는 그리스도에 대해 어떻게 생각하느냐, 누구의 자손이냐?"고 물었다. 대답은 "다윗의 자손이다"였다. 예수는 "그러면 다윗이 성령에 감동되어 어찌 그리스도를 주라 칭하여 말하되 주께서 내 주께 이르시되 내가 네 원수를 네 발 아래에 둘 때까지 내 우편에 앉아 있으라 하셨도다 하였느냐"라고 되물었다. 예수는 「시편」, 110장 1절을 인용함으로써 바리새인들이 받아들인 원천 자료에 호소했다. 그분은 "다윗이 그리스도를 주라고 불렀는데, 어떻게 그리스도가 그의 자손이 되겠느냐?"는 질문으로써 사안의 결론을 내렸다. 마태는 이 질문이 청중을 침묵에 빠뜨렸다고 기록한다(「마태복음」, 22장 41-46절). 그 논증은 다음과 같이 진술될 수 있다.

1. 만일 그리스도가 다윗의 인간적 후손에 불과하다면, 다윗은 그를 "주님"이라고 부를 수 없었을 것이다.
2. 「시편」, 110장 1절에서 다윗이 그리스도를 "주님"이라고 불렀다.
3. 그리스도가 다윗의 주님인 동시에 그저 (다윗의 주님이실 수 없을) 다윗의 인간적 후손이라고 믿는 것은 부당하다.
4. 그러므로 그리스도는 다윗의 인간적 후손에 그치지 않는다.

예수의 논점은 그리스도가 다윗을 조상으로 하는 혈통에 있음을 부정하는 것이 아니었다. 예수 자신이 복음서에서 "다윗의 아들"로 불리며(「마태복음」, 1장 1절), 예수는 이 호칭을 나무라지 않으시고 받아들였기 때문이다(「마태복음」, 20장 30-31절). 도리어 예수는 그리스도가 다윗의 아들에 불과하다는 점을 부정한다. 예수는 주님이기도 하시며, 다윗 시대에도 주님이었다. 예수는 이 귀류법 논증을 사용함으로써 그리스도가 누군지에 대한 청중의 이해와 예수 자신이 그리스도임에 대한 청중의 이해를 확장시키고자 한다.[13]

바리새인들이 예수를 악령들의 왕인 바알세불의 힘에 의해 악령들을 몰아내신다고 비난함으로써 악령을 쫓아내는 사람으로서의 예수의 명

---

13) 「사도행전」, 2장 29-34절, 13장 39절과 「히브리서」, 1장 5-13절도 참조.

성을 불신하려 했다. 이때 예수가 또 다른 귀류법을 사용한다. 달리 말하자면, 거룩한 기적을 행하는 분이라는 그분의 명성이 부당하다. 하나님의 기적들로 보이는 것은 실제로 악령과 같은 존재로부터 나온다. 이에 대해 예수는 그들의 전제를 받아들이면서 부당한 결론을 끌어낸다.

> 스스로 분쟁하는 나라마다 황폐하여질 것이요, 스스로 분쟁하는 동네나 집마다 서지 못하리라. 만일 사탄이 사탄을 쫓아내면 스스로 분쟁하는 것이니 그리하고야 어떻게 그의 나라가 서겠느냐 또 내가 바알세불을 힘입어 귀신을 쫓아내면 너희의 아들들은 누구를 힘입어 쫓아내느냐?(「마태복음」, 12장 25-27절)

이 구절을 체계적으로 말하면 다음과 같다.

1. 만일 사탄이 자기 자신에 대항하여 분열되어 있다면, 사탄의 나라는 망할 것이다.
2. 그런데 그 나라가 망하지 않았다. (악령의 활동이 계속 되고 있기 때문이다.) 달리 생각하는 것은 부당하다.
3. 그러므로 (a) 사탄은 사탄을 몰아내지 않는다.
4. 그러므로 (b) 예수는 사탄의 힘을 사용해서 사람들을 사탄으로부터 풀어줄 수 없다.

더 나아가서 바리새인들도 악령을 몰아내었기 때문에, 만일 예수가 사탄에 의해 악령들을 몰아낸다면, 바리새인들은 그들도 사탄에 의해 악령들을 몰아낸다고 인정해야 한다(「마태복음」, 12장 27절). 그러나 그들 자신은 이러한 비난을 부당하다고 여겨 거부함이 분명하다. 그러므로 예수는 악령을 몰아냄으로써 사탄의 힘을 행사했다는 비난을 받을 수 없다. 예수는 몇 개의 문장 안에서 두 개의 강력한 귀류법 논증을 열거한다.

이 요약만으로는 예수의 논증의 부요함을 제대로 설명하지 못한다. 우리는 다음 장들에서 예수의 다른 논증들 중 일부를 발견할 것이다. 그렇지만 우리가 제3의 대안을 사용하기와 더 강력한 근거를 내놓기, 전건긍정 사용하기, 증거에 호소하기, 귀류법 사용하기와 같은 예수의 추론을 견본으로 모아보면, 이것은 예수가 추론에 대해 무비판적인 신앙을 칭찬했다거나 예수가 논리적 무모순성과 무관했다는 고발에 심각한 의문을 제기한다. 우리의 다음 세 장들이 예수의 세계관을 탐구한다. 우리가 예수의 세계관을 이성적으로 토론하고 상세하게 분석할 수 있다.

✣

ON JESUS

✣

Chapter 4

예수의 형이상학

ON
JESUS

예수는 아리스토텔레스나 플라톤, 칸트의 방식에 따라 형이상학 체계를 구성하지 않았다. 그런 체계를 구성한 철학자들은 거의 없다. 그렇지만 예수는 자신의 신분과 목적, 창조주이자 입법가의 존재, 영적 영역, 인간의 본성, 역사, 죽음 이후의 삶에 관해 강한 확신을 갖고서 의견을 전했다. 형이상학이 모든 차원에서의 존재철학으로 정의된다면, 예수는 고도로 발달한 형이상학을 소유했다. 이 점에서 그는 그런 거대한 관점들이나 메타내러티브들을 유행에 뒤졌다거나 착상이 나쁘다거나 처음부터 억압적이라고 헐뜯는 오늘날 일부 철학자들과는 매우 달랐다.

예수는 부처나 공자와 달리 하나님의 존재에 관해 분명한 생각을 표현했다. 예수는 하나님의 존재를 그의 가르침의 핵심으로 삼았다. 종교적 유대인으로서 예수는 창조와 언약의 하나님이 계시다고 믿었다. 하나님과 인간 자유, 이스라엘과 전 우주의 역사가 밀접하게 서로 연관되었다. 부처와 반대로 예수는 거대한 형이상학적인 물음들과 관련하여 불가지론적이거나 중립적인 해방 방법을 주장하지 않았다. 비록 후대 불교저작들이 형이상학적으로 정교할 수 있으며 부처에게 형이상학이 전혀 없었던 것은 아니지만, 부처는 창조와 신의 존재에 관한 물음들이 깨달음과는 거리가 멀다고 여겼다. "행복한 사람은 세계가 영원한지 일시적인지, 유한한지 무한한지, 생명 원리가 신체와 같은지 아니면 다른 것인지, 완전한 자가 죽은 후에도 계속되는지"[1]에 대해 말하지 않을 것이다.

이와 반대로 예수는 실질적인 형이상학적 지식이 영적 해방을 위해 가능하고, 바람직하고, 가치 있다고—정말 중요하다고—믿었다. 그럼에도 불구하고 예수는 영적 발전과 무관하거나 영적 발전에 방해가 된다고 여긴 일부 철학적 물음들에는 대답하지 않으려 했다(「누가복음」, 13장 22-24절 참조).

예수: 유신론자

예수의 공적 사역은 하나님의 나라와, 그 나라가 삶에 대해 지니는 함축들을 선포함으로 시작되었다(「마태복음」, 4장 17절). 예수가 그 나라에 대해 가르친 핵심 논점은 하나님이 계시며 인간의 일과 우주의 일에 결정적

---

1) Dwight Goddard, *A Buddhist Bible*(Boston: Beacon Press, 1938); Ian S. Markham, *A World Religions Reader*, 2nd ed. (Malden, MA: Blackwell Publishers, 2000), 131.

으로 관여한다는 것이다. 예수의 가르침은 모두 그의 하나님 이해와 유기적으로 관련된다. 예수의 가르침들은 하나님 개념이 없이는 해명되지 않는다. 그분에 따르면, 하나님 지식이 우리의 영적 상태와 성격, 운명에 있어서 중요하다. 예수는 죽음 이후의 삶에 관한 신학논쟁을 할 때 "너희가 성경도, 하나님의 능력도 알지 못하는 고로 오해하였도다"(「마태복음」, 22장 29절)고 말함으로써 일부 종교지도자들을 꾸짖었다.

예수는 유신론적 세계관을 옹호했다. (1) 인격적이고 (2) 인식 가능하고 (3) 찬양과 예배, 섬김을 받을 만하고 (4) 존재론적으로 피조물과 분리되어 있지만 (5) 섭리와 예언, 기적을 통해 피조물에 관여하는 한 분 하나님이 있다.[2] 그런데 예수는 하나님의 존재를—유신론적 증명들을 제시한다는 의미에서—철학적으로 옹호하지는 않았다. 예수는 하나님의 성품에 관해 추측하지도 않았고, 하나님의 존재를 믿기 위해 어둠 속으로 맹목적인 신앙의 도약을 하라고 요구하지도 않았다. 그 대신 예수는 하나님에 관해 확고하고 확실하게 말했다. 우리 시대와는 달리 예수 시대에는 무신론자와 회의주의자, 상대주의자, 불가지론자가 거의 없었다. 복음서에서 예수는 하나님의 존재에 관한 물음을 받지 않았다. 유대인들에게 주된 논쟁은 구약성경에 계시된 참된 종교의 본질과, 하나님이 선택된 백성과 교제한 내용을 어떻게 이해하는지와 관련되었다.

당대 대부분의 유대인들처럼 예수도 활동하는 영인 하나님의 존재를

---

2) H. P. Owen, "Theism," in Paul Edwards, ed., *The Encyclopedia of Philosophy*, 8 vols.(New York: Macmillan and the Free Press, 1967) 8: 97. 내가 오웬(Owen)의 정의를 다소 확대했다.

믿었다(「요한복음」, 4장 24절). 구약성경에 기록되었듯이, 그 영은 모든 피조물에 의해 증거되었으며, 유대인들과 언약을 맺었고, 그의 백성을 이집트로부터 구했으며, 선지자들을 보냈고, 역사를 통해 결정적 활동을 했다. "성경은 폐하지 못하나니"(「요한복음」, 10장 35절)라는 그분의 언급으로부터, 그분이 율법이나 선지자들을 파기하기 위해서가 아니라 성취하기 위해 왔다는 그분의 진술로부터(「마태복음」, 5장 17절) 예수가 성경의 진리를 지지하고 유대적 신관을 유지했음이 분명하다.

많은 경우에 예수가 유대인의 하나님과 그분 자신의 유일무이한 관계를 청중들에게 각인시키곤 했다. 예수는 아버지 하나님께 이르는 길에 관한 질문을 받은 후에 "나를 본 자는 아버지를 보았거늘"(「요한복음」, 14장 9절)이라고 단언했다. 예수는 "하나님의 성령을 힘입어" 악령들을 몰아냈다고 주장하면서, 하나님의 나라가 그분 자신의 인격 속에 임재했음을 지적했다(「마태복음」, 12장 28절).

예수는 존재에 있어서 초월적이며 내재적이며 인격적인 하나님이 계시다고 믿었다. 그렇지만 일부 사람들은 예수가 범신론적으로 해석될 수 있는 가르침을 주는 구루[3]나 요가수도자,[4] 스와미[5]였다고 주장했다.

---

3) 옮긴이 주 : 특정 영역에서 위대한 지식과 지혜, 권위를 지닌다고 여겨지며 이 능력들을 사용해서 다른 사람들을 인도하는 인물을 가리킨다. '구루'는 종교적 의미에서 "선생" 내지 "인도자"를 뜻하기도 하며, 일부 신종교운동에서처럼 시크교와 불교, 힌두교에서 사용된다.
4) 옮긴이 주 : 요기(요가수련자)는 다양한 형태의 영적 훈련을 수행하는 남성을 가리킨다. 힌두교에서 요기는 요가(Yoga)를 신봉하는 사람을 뜻한다. 불교에서 요기는 참선을 수행하는 승려나 가장(家長)을 가리킨다.
5) 옮긴이 주 : 스와미는 힌두교에서 남성이나 여성에게 붙이는 존칭으로서 "자신을 알고 자신을 다스리는 자" 내지 "자신의 소유자", "감각에서 해방된 자"라는 뜻을 지닌다. 요가를 알고 습득했으며 신들에게 헌신하는 것, 스와미의 영적 스승에 귀의하는 것을 강조하기 위해 이름에 덧붙이는 명칭이다.

일부 사람들의 의견에 따르면, 예수는 비인격적인 힘이나 원리, 의식인 신을 인정했으며 인간이 원래 그 신적 실재의 일부였다. 이 개념은 지난 몇십 년 동안 큰 인기를 얻게 되었으며, 조셉 캠벨[6]과 디팍 쵸프라[7]가 저술한 수많은 책들에서 옹호되었다. 설령 그 개념이 복음서에 호소한다 해도, 보통 이 이론은 예수의 진술들에 대한 소수의 의문스러운 해석들에 근거한다. 내가 그러한 주장 하나를 다루고자 한다.

예수는 자신의 신분에 관해 종교지도자들과 논쟁할 때 그가 그리스도(메시아)인지를 분명하게 드러내라는 요구를 받는다. 예수에 따르면, 그는 이미 그들에게 말했으며, 그의 기적들이 그를 입증하고, 그는 제자들에게 영원한 생명을 주며, 그와 아버지 하나님은 하나이다. 예수의 반대

6) 옮긴이 주 : 예컨대 Joseph Campbell, *Transformations of Myth Through Time*(London: Harper Perennial, 1990); *The Masks of God*, vol. 1: *Primitive Mythology*, vol. 2: *Oriental Mythology*, vol. 3: *Occidental Mythology*(New York: Penguin, 1991); *Thou Art That: Trasforming Religious Metaphor*, 2nd ed.(Novato, CA: New World Library, 2001); *The Inner Reaches of Outer Space: Metaphor as Myth and as Religion*, 3rd ed.(Novato, CA: New World Library, 2002); *Myths of Light: Eastern Metaphors of the Eternal* (Novato, CA: New World Library, 2003); *The Hero with a Thousand Faces*, 3rd ed.(Novato, CA: New World Library, 2008 참조).

7) 옮긴이 주 : 인도 출신의 미국인으로서 힌두교도이며, 하버드대학교 출신의 의학박사이자 저술가, 그리고 영적 지도자이다. 그의 책들 가운데 일부는 다음과 같다. *The Path to Love: Spiritual Strategies for Healing*(New York: Three Rivers Press, 1998); *Perfect Health: The Complete Mind/Body Guide*, revised edition(New York: Harmony, 2001); *How to Know God*(Jackson, TN: Running Press, 2001); *The Spontaneous Fulfillment of Desire: Harnessing the Infinite Power of Coincidence*(New York: Harmony, 2003); *The Book of Secrets: Unlocking the Hidden Dimensions of Your Life*(New York: Three Rivers Press, 2005); *Life After Death: The Burden of Proof*(New York: Harmony, 2006); *The Seven Spiritual Laws of Success*(San Rafael, CA: Amber-Allen Publishing, 2007); *Jesus: A Story of Enlightenment*(SanFrancisco: HarperOne, 2008); *Why Is God Laughing?: The Path to Joy and Spiritual Optimism*(New York: Harmony, 2008); *Buddha: A Story of Enlightenment*(SanFrancisco: HarperOne, 2008); *The Third Jesus: The Christ We Cannot Ignore*(New York: Three Rivers Press, 2009).

자들의 주장에 따르면, 예수는 자신이 하나님이라고 주장함으로써 불경죄를 저지른다. 예수는 하나님이 "너희는 '신들'이다"고 말한 본문을 구약성경에서 인용함으로써 대답한다. 이어서 예수는 하나님이 "하나님의 말씀을 받은" 사람들을 신이라고 불렀다면, "성경이 파기될 수 없다면, 하나님께서 구별하여 세상에 보낸 사람에 대해서는 너희가 뭐라고 말하겠느냐?"(「요한복음」, 10장 22–36절)고 한층 더 강력하게 주장한다.

예수가 언급한 본문(「시편」, 82장 6절)[8]은 하나님이 위임한 권위 때문에 "신들"로 불린 정치지도자들을 겨냥했다. 정치지도자들은 궁극적인 실재로서의 신이 아니었다. 왜냐하면 곧이어서 「시편」은 그들이 보통 사람들처럼 죽을 것이라고 말하기 때문이다. 그러므로 예수는 모든 사람이 신이라고 주장하지 않는다. 예수는 만일 인간이 "신들"로 불릴 수 있다면 예수 자신이 "아버지 하나님과 하나"라고 말하는 것이 얼마나 더 정당할 수 있는지를 말하고 있다. "아버지 하나님과 하나"는 구약성경에서 인간에게 결코 적용되지 않는 구절이다.[9]

예수의 신관은 분명히 범신론적이지 않고 일신론적이다. 예수는 "사람을 지으신 이가 본래 그들을 '남자와 여자로 지으시고'"(「마태복음」, 19장 4절)라고 말한다. 예수는 하나님을 초월적인 도덕행위자로, 즉 자신의 목적에 따라 행동하는 존재로 여긴다. 예수는 군대 귀신이 들린 사람을 자유롭게 한 후 그에게 "집으로 돌아가 하나님이 네게 어떻게 큰일을 행하

---

8) 옮긴이 주 : '내가 말하기를 너희는 신들이며 다 지존자의 아들들이라 하였으나'

9) Douglas Groothuis, *Jesus in an Age of Controversy*(Eugene, OR: Wifp and Stock Publishers, 2002), 228–230.

셨는지를 말하라"(『누가복음』, 8장 39절)고 권한다. 그 사람에게 자유를 준 분은 하나님이었다. 하나님은 도덕적으로 인격적으로 행동한다. 주님이 가르친 기도에서 예수는 하나님을 "우리 아버지"라고 부른다(『마태복음』, 6장 9절). 기도라는 행위는 기도를 듣고 응답하는, 인격적이시고 인지적이신 존재를 전제한다. 자신의 본질(이나 불교의 경우 자신의 본질의 부재)에 대해 명상하거나 관조하는 것을 강조하는 일부 동양적 세계관들과는 달리, 예수는 우리의 기도를 듣고 삶과 역사에서 차이를 드러내는 하나님께 기도하는 행위를 강조한다(『마가복음』, 11장 22–25절; 『누가복음』, 11장 1–13절; 18장 1–14절). 동일한 신학적 근거 위에서 예수는 하나님께 예배하는 일의 가치를 인정한다(『요한복음』, 4장 24절).

예수는 하나님이 거룩하고 의로움도 받아들인다. 이 단어들(거룩과 의로움 – 옮긴이)은 오늘날 많은 사람들에게서 그 의미를 잃어버렸다. 옛 유대인들에게 그 단어들은 도덕적으로 완벽하고 완전하고 타락에서 벗어나는 것을 뜻했다. 하나님은 거룩하며, 그의 백성에게 거룩하라고 명령한다(『레위기』, 19장 2절). 예수는 "하늘에 계신 너희 아버지의 온전하심과 같이 너희도 온전하라"(『마태복음』, 5장 48절)고 권고할 때 이것을 반영한다. 예수는 하나님을 "거룩하신 아버지"(『요한복음』, 17장 11절)로, "의로우신 아버지"(『요한복음』, 17장 25절)라고도 부른다. 하나님은 예수에게 궁극적인 도덕기준이다. 그 기준의 길들이 옳고 정의롭고 충성스럽다. 그래서 예수는 그분의 제자들에게 "하늘에 계신 너희 아버지"께 기도할 때 "이름이 거룩히 여김을 받으시오며"라고 기도하라고 가르친다(『마태복음』, 6장 9절).

하나님의 초월성이—우주와 분리되어 있고 구분되어 있는 하나님의 존재가—예수가 하나님의 거룩함을 이해하는 일에는 중심을 이루지만, 예수는 하나님이 피조물 안에, 하나님의 자녀와 더불어 있다는 것도 긍정한다. 하나님은 "은밀하게 행해지는 일을 보신다"(「마태복음」, 6장 4, 6, 18절). "하나님의 나라는 너희 안에 있느니라"(「누가복음」, 17장 21절)는 예수의 말씀은 하나님의 동적 규칙이 예수 자신의 사역 가운데 있다는 뜻이다.[10] 하나님의 나라는 이 세계를 완전히 넘어서 있지도 않고 오직 미래에만 실현되는 것도 아니다. 하나님은 "천지의 주재"(하늘과 땅의 주인 ; 「누가복음」, 10장 21절)이다. 예수는 하나님이 그분을 찾는 사람들의 삶에 내재함에 관해 강이유 논증을 사용해서 이렇게 약속한다.

> 너희 중에 아버지된 자로서 누가 아들이 생선을 달라 하는데 생선 대신에 뱀을 주며, 알을 달라 하는데 전갈을 주겠느냐. 너희가 악할지라도 좋은 것을 자식에게 줄 줄 알거든 하물며 너희 하늘 아버지께서 구하는 자에게 성령을 주시지 않겠느냐? (「누가복음」, 11장 11~13절)

예수는 제자들이 종교 당국과 정치 당국에 의해 핍박받을 때 "마땅히 할 말을 성령이 곧 그때에 너희에게 가르치리라"(「누가복음」, 12장 12절)는 언질을 제자들에게 준다. 그들은 재판받을 때 홀로 있지 않을 것이다. 예수는 제자들에게 그들의 삶에 관해 걱정하지 말라고 충고한다. 하나님이

---

10) 「누가복음」, 17장 11절의 대안적 번역들은 "하나님의 나라가 너희 가운데 있다" 이거나 "하나님의 나라가 너희들 중에 있다" 이다(이 경우 이 구절은 하나님 나라의 실체이신 예수가 제자들 가운데 있다는 뜻으로 해석된다 - 옮긴이).

새와 꽃들을 돌본다면, 분명히 더 가치 있는 피조물인 사람을 돌볼 것이다. 그들이 하나님의 나라를 먼저 찾는 경우에는 특히 그러하다(「마태복음」, 6장 25-34절). 이 가르침은 모든 피조물과 인간사에 하나님의 적극적이고 자비로운 임재가 있음을 전제한다. 예수는 끈질긴 과부의 비유에서 기도의 중요성과 하나님의 사랑을 잘 설명한다. 하나님을 두려워하지 않았으며 사람들을 돌보지 않은 판사에게 재판정의 상대방에 대해 처벌을 요구하는 과부가 계속 찾아왔다. 과부가 포기하지 않았기에 판사는 마음이 누그러져서 그녀의 요구를 인정했다. 도덕적 이유 때문이 아니라, 그녀가 그를 괴롭혔기 때문이다. 다시금 예수는 더 강력하게 논증하면서 "하물며 하나님께서 그 밤낮 부르짖는 택하신 자들의 원한을 풀어주지 아니하시겠느냐?"(「누가복음」, 18장 1-7절)고 말한다.

예수가 "하나님이 세상을 이처럼 사랑하사 독생자를 주셨으니 이는 그를 믿는 자마다 멸망하지 않고 영생을 얻게 하려 하심이라"(「요한복음」, 3장 16절)고 말할 때, 하나님의 자비로운 관심이 훨씬 더 직접적으로 이야기된다. 예수는 그저 일반적인 섭리에 대해 이야기하지 않고 하나님의 아들 안에 계시된 하나님의 특별한 사랑의 행위들에 주목한다. 그렇게 하면서 예수는 "아들"이라는 그분의 신분을 구원을 위한 하나님의 사랑이라는 목적과 연결한다. 게다가 예수는 제자들이 "온전함을 이루어 하나가 되게 함은 아버지께서 나를 보내신 것과 또 나를 사랑하심 같이 그들도 사랑하신 것을 세상으로 알게 하려 함이로소이다"(「요한복음」, 17장 23절)라고 기도한다.

삼위일체 개념이 그 밖의 신약성경에서 더 발전되(고 이후에 교회 신조들에서 체계적으로 설명되)지만, 예수는 제자들에게 아버지와 아들과 성령의 이름으로 세례를 주라고 명령했을 때 삼위로서의 한 분 하나님이라는 개념을 암시했다(「마태복음」, 28장 19절). 예수는 아버지 하나님께 기도하고, 성령에 대해 존재론적으로 고귀한 용어로써 언급하며(「요한복음」, 14장 26절), 자신이 하나님과 동등하다고 말한다(「요한복음」, 8장 58절).[11] 한 분 하나님 이상에 대해 말하지 않고 이 모든 일이 이루어진다.[12]

예수의 인간관

예수는 창조주와 피조물 사이의 형이상학적 구분을 긍정하는데, 이것은 인간이 봉사와 예배, 일, 기도, 신앙 등에서 하나님과 어떻게 관계 맺어야 하는지에 관한 그의 모든 가르침을 뒷받침한다. 예수의 가르침에 따르면, 여성과 남성은 하나님의 피조물로서 큰 가치를 갖는다. 그들은 하늘에 있는 새들보다 "더 귀하다"(「마태복음」, 6장 26절; 10장 31절). 이 진술과 그리고 이와 비슷한 진술들은 인간이 하나님의 형상과 모양대로 만들어졌으며 피조물을 다스리도록 하는 책임을 받았다는 구약성경의 이해에 그 뿌리를 둔다(「창세기」, 1장 26-28절; 5장 1-2절; 「시편」, 8장). 인간의 가치는 예수가 말한 황금률에도 전제되어 있다. 우리는 다른 사람이 우리에게 해주었

---

11) 예수가 하나님이라는 주장은 8장에서 논의될 것이다.
12) 삼위일체 신학과 철학에 관해서는 Millard Erickson, *God in Three Persons*(Grand Rapids, MI: Baker Books, 1995) 참조.

으면 하는 대로 다른 사람들에게 모두 해주어야 마땅하다. 왜냐하면 모든 사람은 존중받고 사랑받을 가치가 있기 때문이다(「마태복음」, 7장 12절).

예수는 사람들을 가치 있는 영적인 존재들로 여긴다. 그럼에도 불구하고 그들은 영적인 잘못을 통해 자신들을 배반할 수 있다. "사람이 만일 온 천하를 얻고도 제 목숨을 잃으면 무엇이 유익하리요, 사람이 무엇을 주고 제 목숨과 바꾸겠느냐?"(「마태복음」, 16장 26절) 인간은 비교할 수 없을 정도의 가치를 지닌다. 인간과 바꿀 수 있는 것이 있을 수 없다. 인간을 잃어버리는 것은 파멸이다. "몸은 죽여도 영혼은 능히 죽이지 못하는 자들을 두려워하지 말고 오직 몸과 영혼을 능히 지옥에 멸하실 수 있는 이를 두려워하라"(「마태복음」, 10장 28절). 인간은 수단으로만 다루어져서는 안 되고 언제나 그 자체 목적으로 다루어져야 마땅하다는 칸트의 견해가 근본적으로 예수와 일치한다.

예수의 인간학은 영혼을 육체와 구분한다. 일부 사람들은 모든 종류의 심신 이원론이 히브리 신학에 뿌리를 두지 않고 그리스 형이상학에 뿌리를 둔다고 주장했다. 그리스 이원론과 성경 사상 사이에 차이는 있지만, 구약성경과 그 밖의 유대문헌에 나오는 많은 구절은 사람이 죽을 때 영혼이 신체와 분리된다고 말한다.[13] 방금 인용된 진술처럼(「마태복음」, 10장 28절), 예수가 한 수많은 진술들은 영혼과 신체의 존재론적 구분을 긍정한다. 그분은 인간의 두 측면을 구분했는데, 두 측면이 서로 관련되지만 어느 하나와 같거나 어느 하나로 환원될 수는 없다. "깨어서 기도하라"는 명

---

13) 「전도서」 12장 6–7절; 「이사야」, 10장 18절; 38장 10, 12, 17절.

령은 신체의 약함을 통제하는 정신이 우리에게 있으며 정신과 신체가 동일하지 않음을 전제한다.[14] 예수가 십자가 한편에 달린 죄인에게 "오늘 네가 나와 함께 낙원에 있으리라"(「누가복음」, 23장 43절)고 약속할 때, 그들의 물리적 신체를 가리킬 수는 없었다. 왜냐하면 예수와 그 죄수 모두 곧 죽고 묻힐 것이기 때문이다. 그들은 영적인 영역에서 영들로 함께 있을 것이다. 다른 구절에서 예수는 하나님이 불타는 떨기나무에서 모세에게 나타났을 때 아브라함과 이삭, 야곱이 영적으로 아직 살아 있었다는 주장을 성경에서 끌어낸다. 물론 그들은 물리적으로는 오래 전에 죽었다(「마태복음」, 22장 29~32절).

예수가―그리고 그 밖의 성경저자들이―(히브리어나 그리스어에서) "영혼"으로 번역되는 단어를 사용한 용법은 때로 우리의 (정신적이고 물리적인) 삶 전체를 가리키지만, "영혼"이 우리의 물리적인 신체와 동일시되지 않는 인격의 비물질적 측면에 대해 말하고 있는 중요한 구절들이 있다. 인격의 이 측면은 물리적인 죽음 후에도 살아남는다.[15]

그러므로 예수의 인간학은 물리적 실재가 없다고 주장하는 관념론자들과 범신론자들의 인간학과는 양립할 수 없다. 예수의 인간학은 영지주의의 이원론과도 양립할 수 없다. 정경이 아닌 영지주의 문서들에서

---

14) Paul K. Moser, "Jesus on the Knowledge of God," *Christian Scholar's Review* XXVII, no. 4 (1999): 588.

15) 「마가복음」, 9장 2~10절; 「마태복음」, 17장 1~9절; 「누가복음」, 9장 28~36절; 「요한복음」, 11장 26절; Paul k. Moser, 같은 책, 586~591쪽; John W. Cooper, *Body, Soul, and the Life Everlasting: Biblical Anthropology and the Monism-Dualism Debate*(Grand Rapids, MI, William B. Eerdmans Publishing Company, 1989).

제시된 예수는 그노시스(우리의 영적 본질에 대한 비교적(秘敎的) 지식)를 얻으려면 신체 영역을 초월해야 한다고 가르친다. 이것은 선한 것으로 간주되는 영적 영역과 악하거나 타락한 것으로 간주되는 물리적 영역 사이에 강력하게 있는 이원성을 부각시킨다. 우리의 물질성은 선한 창조주가 뜻한 결과가 아니라, 보다 열등한 신이 우주적으로 잘못한 결과이다. 우리 자신의 영적 본질을 앎으로써 이 우주적 잘못을 극복해야 한다.

그렇지만 복음서의 예수는 물리적 창조와 영적 창조를 모두 포함하고 하나님의 창조가 원래 선하다는 유대교 신학을 긍정한다. 인간들이 윤리적으로나 영적으로 얼마나 많이 부족하든, 인간들의 본질적인 문제는 그들이 물질에 갇혀 있다는 것이 아니라, 그들이 선한 창조주에게 올바로 영광을 돌리고 예배드리지 않는다는 것이다.[16]

예수의 인간관은 비물질적 영혼의 존재를 부정하는 유물론자들이나 물리주의자들과 일치할 수 없다. 예수의 가르침은 자아가 현실적이고 실체적인 존재가 아니라 죽을 때 분리되는 서로 다른 종류의 상태들이 모인 집합에 불과하다는 불교의 가르침과도 같지 않다. 예수의 인격동일성 철학은 인간의 본성이 시간이 흘러도 지속되며 물리적으로 죽은 후에도 살아남는 실체나 본질이라는 것이다. 이것은 변화 가운데서도 인간의 형이상학적 보전을 보장하는 인격적 하나님에 의해 인간이 창조되기 때문이다. 그렇지만 예수는 신체에서 분리된 상태가 영원하지 않다고 가르쳤다. 영혼과 신체는 죽은 사람들이 부활할 때 재결합할 것이다.

---

16) Douglas Groothuis, *Jesus*, 77–101.

심신 논쟁이 철학에서 오랫동안 창궐했다. 여러 유형의 유물론이나 물리주의가 계몽주의 이후의 서구사회에서 지반을 확보했다. 그럼에도 불구하고 상당수의 현대철학자들은 여러 형태의 심신 이원론을 옹호한다. 보다 큰 관점에서 볼 때, 만일 세계관으로서의 자연주의가 의문스럽다면, 그리고 만일 하나님의 존재를 잘 옹호할 수 있는 논증이 주어질 수 있다면, 영혼의 존재는 훨씬 더 신뢰할 만한 것이 된다.[17] 그렇지만 예수는 영혼에 관해 추측에 불과한 논증들을 전개하지 않는다. 그는 이 주제에 관해 성경으로부터 추론하지도 않고, 그 자신의 초자연적 신임장에 근거하여 주장하지도 않는다.

영혼에 관한 예수의 가르침은 하나님을 알고 경험할 수 있는 영혼의 능력에 관한 인식론적인 함축을 갖고 있다. 하나님은 지속적인 신분을 갖는, 인격적이고 관계적이고 영적인 실재이시기도 하기 때문에, 인간들은 하나님을 여러 방식으로 알 수 있다.[18]

인간이 예수에게는 헤아릴 수 없을 정도로 중요하지만, 예수는 인간을 도덕적으로나 영적으로 비극적일 만큼 결함이 있는 존재로 여긴다. 영혼은 광대한 영원 앞에서 위태로운 상태에 있다. 예수는 한 인간을 하나님의 거룩함 앞에서 "불결"하게 만드는 것이나 더럽게 하는 것에 관해 논의하면서 그분이 내적 동력으로 여기는 것에 집중한다.

---

17) J. P. Moreland, *Scaling the Secular City*(Grand Rapids, MI: Baker Books, 1987), 특히 1-4장.
18) Paul K. Moser, 같은 책, 591쪽 참조.

사람에게서 나오는 그것이 사람을 "더럽게 하느니라" 속에서 곧 사람의 마음에서 나오는 것은 악한 생각, 곧 음란과 도둑질과 살인과 간음과 탐욕과 악독과 속임과 음탕과 질투와 비방과 교만과 우매함이니 이 모든 악한 것이 다 속에서 나와서 사람을 "더럽게 하느니라"(『마가복음』, 7장 20–23절).

"마음"이라는 용어는 감정들만 가리키는 것이 아니라, 우리의 정신적이고 도덕적인 존재의 핵심을 가리킨다. 그것은 한 사람의 동기가 되는 본질을 확인해준다. 예수는 우리의 내면적인 삶을 하나님 앞에 선 우리의 최종적인 상태와 관련짓는다.

선한 사람은 그 쌓은 선에서 선한 것을 내고 악한 사람은 그 쌓은 악에서 악한 것을 내느니라. 내가 너희에게 이르노니 사람이 무슨 무익한 말을 하든지 심판 날에 이에 대하여 심문을 받으리니 네 말로 의롭다 함을 받고 네 말로 정죄함을 받으리라(『마태복음』, 12장 35–37절).

예수는 인간의 죄를 우연한 실수로 여기지 않고, 하나님의 길을 거부하는, 뿌리 깊은 기질로 여긴다. "진실로 진실로 너희에게 이르노니 죄를 범하는 자마다 죄의 종이라"(『요한복음』, 8장 34절). 예수는 그 시대의 박식하고 진지한 종교지도자들 대부분을 꾸짖으면서, "너희 중에 (도덕적) 율법을 지키는 자가 없도다"(『요한복음』, 7장 19절)고 외친다. 예수의 메시지는 자신들의 부족을 깨달은 사람들을 향한 것이다. "건강한 자에게는 의사가 쓸데없고 병든 자에게라야 쓸데 있나니 내가 의인을 부르러 온 것이 아니요, 죄인을 불러 회개시키러 왔노라"(『누가복음』, 5장 31-32절). 이 구절에서 그분은 구약 선지자들의 전통을 반영하고 이어간다. 많은 경우에 선지자들은 사람들의 내면적인 타락을 드러냄으로써 이스라엘에게 하나님께 돌아오라고 요구했다.

하나님 앞에서의 죄에 대한 예수의 평가가 카르마라는 생각과 크게 다르다는 점에 주목해야 한다. 카르마는 이어지는 삶들에 걸쳐 인간의 (그리고 인간이 아닌 존재의) 행위 결과들에 관해 성립하는 비인격적인 인과법칙이다.[19] 예수는 언제나 인간의 조건을 인격적이고 도덕적인 하나님의 실재들과 연결하며, 추상적이거나 우주적인 보복원리나 보상원리와 연결하지 않는다. 예수는 환생을 가르치지 않았고, 죽은 사람들의 부활을 가르쳤다(『요한복음』, 5장 28-29절; 『히브리서』, 9장 27절도 참조).

초자연적 존재들에 대한 예수의 생각

당대 많은 유대인들처럼 (그런데 사두개인들과는 달리) 예수는 천사들과 악령들이 있다고 믿었다. 복음서는 예수가 악령에 접한 다양한 사람들에게서 악령을 쫓아내시는 것을 묘사한다. 복음서는 이 초자연적 존재들에게 지성과 의지, 감정이 있다고 묘사한다. 예수는 의식이나 주문, 의례, 싸

---

19) 옮긴이 주 : 카르마는 힌두어로 '행위' 내지 '행동', '수행'을 나타내며, 고대 인도와 힌두교, 자이나교, 시크교, 불교에서 삼사라(samsara)로 불리는 인과의 윤회를 일으키는 행위로 이해된다. 이 모든 종교에서 모든 행위의 결과들은 과거와 현재, 미래의 경험을 적극적으로 형성하는 것으로 여겨진다.

움이 없이 악령들을 몰아낸다. 그분은 그들에게 떠나가라고 명령하기만 하는데, 어떤 경우에는 짧은 대화 후에 그렇게 한다. 예수는 여러 구절에서 사탄이나 악마에 대해서도 말한다. 물론 그분은 하나님과 하나님의 나라, 제자도에 관해 훨씬 더 많은 이야기를 나눈다. 예수는 사탄을 "악"(「마태복음」, 6장 13절)이자 악령들의 우두머리(「마태복음」, 25장 41절)로 묘사한다. 사탄의 본성은 거짓말하고 죽이고 파괴하고 속이는 것이다(「요한복음」, 8장 44절; 10장 10절). 예수는 사탄이나 악령들을 두려워하지 않는다.

그런데 예수는 다신론자나 정령숭배자가 아니다. 천사들과 악령들, 사탄은 신이나 반신(半神)이 아니라 피조물이다. 예수는 영원하고 해결할 수 없는 투쟁에 갇힌, 힘이 똑같이 강하지만 서로 반대되는 영적인 세력들 사이에 이루어지는 투쟁을 그려내는 형이상학적 이원론자가 아니다. 도리어 예수는 "마귀와 그 사자들을 위하여 예비된 영원한 불"(「마태복음」, 25장 41절)에 대해 말한다. 그들의 반역은 결국 무익하다. 「마태복음」과 「누가복음」은 예수가 광야에서 사탄의 유혹들을 이기는 모습을 묘사한다(「마태복음」, 4장 1-11절; 「누가복음」, 4장 1-13절).

천사들이 예수의 사역과 관련하여 여러 번 나타난다(「마태복음」, 4장 11절; 「누가복음」, 22장 39-43절). 어떤 경우에 예수는 그분의 가르침에서 천사들을 언급한다. 천사들은 강력하지만 유한한 영적인 존재들로서, 죄를 짓지 않고 하나님의 목적에 순종하는 자들이다(「마태복음」, 18장 10절; 22장 30절). 구약성경에서도 이 영적 피조물들이 하나님의 명령 아래 있다고 언급한다(「시편」, 34장 7절; 148장 2절; 「다니엘」, 6장 22절). 재미있게도 예수는 "인자[20]가 그의 천사들을 보내리니 그들이 그 나라에서 모든 넘어지게 하는 것과 또 불법을 행하는 자들을 거두어 낼"(「마태복음」, 13장 40-41절; 강조는 필자가 덧붙인 것; 「마가복음」, 13장 26-27절) 때인 "종말"을 한 번 예언한다. 천사들은 예수(인자)의 명령 아래 있다. 이것은 예수를 바로 하나님으로 여기게 한다.

천사들과 악령들이라는 주제는 근대철학에서 많은 관심을 받지 못했다. 물론 중세철학을 통해서나 오늘날에도 신학과 성경연구, 대중문화에 초자연적 존재들에 관해 다루는 많은 양의 자료가 있다. 현대 철학자 모티머 애들러(2001년 사망)가 저서에서 그 주제를 철학적으로 다루며, 천사들이라는 주제가 중요하며 천사들의 존재가 철학적으로 뒷받침될 수 없는 것이 아니라는 결론을 내린다.[21] 유물론자들이나 물리주의자들은 순수하게 영적인 존재들의 가능성을 선험적으로 배제한다. 다른 사람들은 육체에서 분리된 행위자라는 개념을 의문시한다. 이 물음들은 심신 문제와 밀접한 연관이 있다. 인간 안에 비물질적인 실체가 있음을 옹호하는 확고한 논증이 주어진다면, 천사들—신체에서 분리된 존재들—의 존재는 논리적으로 다루기 힘든 것이 아니다.

---

20) 옮긴이 주 : '사람의 아들'이라는 뜻의 '인자'(人子)는 그리스어 '호 휘오스 투 안트로푸'(ὁ υἱὸς τοῦ ἀνθρώπου)의 번역어로서, '인간' 앞에 정관사가 있기에 '인간의 아들'(the son of the human being)로 번역될 수 있지만, 대부분의 학자들은 인자(the son of man)로 번역한다. 4복음서에서 이 표현이 82번 나오는데 오직 예수의 말에서만 사용된다. 일반적으로 학자들은 구약에 나타난 종말론적 인자 개념(「다니엘」, 7장 13절) 등을 고려할 때 이 표현이 인간의 아들을 가리키는 표현이 아니라 메시아를 나타내는 특수한 표현이라고 여긴다.

21) Mortimer Adler, *The Angels and Us*(New York: MacMillan Publishers, Co, Inc., 1982).

죽음 이후의 삶과 역사에 대한 예수의 생각

예수는 세계 창조주이자 역사의 주인으로서의 하나님에 대해 말한다. 많은 경우에 그는 하나님이 유대 백성의 역사에서 편성한 사건들을 도덕적이고 영적인 진리들을 설명하는 것으로서 언급한다. 예수는 그의 가르침과 설교, 사역에서 드러난 것처럼 하나님의 나라에 새로운 시작이 옴을 알린다.

일반적으로, 예수에게 하나님의 나라는 하나님이 구원과 심판을 모두 이루시기 위해 역사에 개입하는 것을 가리킨다. 그 나라는 고정된 위치나 한 무리의 사람들을 가리키기보다 하나님의 권위와 통치를 가리킨다. 예수는 현재 차원과 미래 차원이 모두 있는 나라를 가리킨다. 그 나라가 예수의 행위에서 시작되지만, 훨씬 더 많은 것이 아직 오지 않았다.

무엇보다도 먼저 예수는 그 나라가 새롭고 예기치 않게 오는 것을 그분의 신분 및 사명과 관련짓는다. 성경학자 브루스가 표현하듯이,

> 오리게네스의 위대한 말을 빌리자면, 예수는 아우토바실레이아, 즉 인격화된 나라였다. 하나님의 나라의 원리들은 "나의 원대로 마시옵고 아버지의 원대로 하옵소서"[22]라고 아버지께 말한 그분 안에서만큼 더 완전하게 구현될 수는 없었을 것이다.[23]

---

22) 옮긴이 주 : 「마가복음」, 14장 36절.

예수는 영적 영역에 대한 그의 권위가 하나님의 나라가 왔다는 증거의 역할을 한다고 주장한다(「마태복음」, 12장 28절).

예수는 씨 뿌리는 사람의 비유의 뜻을 설명하기 전에 "천국의 비밀을 아는 것이 너희에게는 허락되었다"고 제자들에게 말한다.

> 너희 눈은 봄으로, 너희 귀는 들음으로 복이 있도다. 내가 진실로 너희에게 이르노니 많은 선지자와 의인이 너희가 보는 것들을 보고자 하여도 보지 못하였고 너희가 듣는 것을 듣고자 하여도 듣지 못하였느니라(「마태복음」, 13장 1–17절).

하나님 나라의 이 실재는 예수의 인격과 행위들 속에 있다. 물론 예수가 한탄하듯이 많은 사람들이 그것을 이해하지 못한다.

둘째, 하나님의 나라는 유대국가에 국한되지 않고 이방인들에게까지 폭넓게 주어진다(「누가복음」, 13장 29–30절). 실제로 많은 유대인들은 그 나라가 오는 것을 예수 안에서 발견하지 못할 것이며, 그 나라의 유익을 잃을 것이다(「누가복음」, 14장 15–24절). 유대인을 넘어서는 하나님의 보편적 목적들을 이렇게 주장하는 것은 예수의 청중들 중 많은 사람들에게 분노를 일으켰다.

셋째, 예수는 하나님의 나라와 역사의 흐름이 진행 중인 그의 지속적인 권위와 긴밀하게 관련된다고 여긴다. 예수가 부활한 후에 다음과 같이 말한다.

---

23) F. F. Bruce, *New Testament History*(Garden City: NY: Doubleday, 1972), 173. 강조는 원문에 있는 것이다.

하늘과 땅의 모든 권세를 내게 주셨으니 그러므로 너희는 가서 모든 민족을 제자로 삼아 아버지와 아들과 성령의 이름으로 세례를 베풀고 내가 너희에게 분부한 모든 것을 가르쳐 지키게 하라. 볼지어다. 내가 세상 끝 날까지 너희와 항상 함께 있으리라(「마태복음」, 28장 18-20절).

예수는 제자들에게 그들이 "예루살렘과 온 유대와 사마리아와 땅 끝까지 이르러" 그분의 증인이 되기 위해 성령을 통해 능력을 받을 것이라고도 말한다(「사도행전」, 1장 8절).

(객관적이고 보편적인 진리를 주장하는 세계관인) "전체주의화하는 메타내러티브들"을 원래 부당하다고 여기는 포스트모던주의자들의 비판에 비추어볼 때, 우리는 예수가 제자들에게 성령이 능력을 주는 가르침을 통해 사람들을 설득하고 사람들에게 영향을 주라고 명령한다는 점에 주목해야만 한다. 예수는 제국주의나 약탈, 강제, 위협, 다른 사람들에 대한 어떤 다른 수단의 불법적인 힘을 정당하다고 여기지 않는다. 그 대신 그는 우리에게 우리 이웃을 사랑하고 심지어 우리 원수까지 사랑하라고 말한다(「마태복음」, 5장 43-48절). 「사도행전」은 초기 그리스도인들이 강제나 조작을 통해서가 아니라 설득을 통해 회심을 얻어내었음을 보여준다. 슬프게도 정치권력을 갖고 통치한 후대의 일부 그리스도인들은 칼을 통해 기독교를 신봉하도록 강제했다. 물론 사람들은 예수(나 사도들)의 가르침에서 이를 정당화해주는 것을 발견하지 못해 곤란할 것이다.

예수는 역사를 넘어, 후회와 상실, 권리상실의 상태에서 하나님의 은총 밖에 있거나 하나님과 더불어 은총 안에 있는 죽음 후의 존재에 대해 말한다. 예수는 자신의 옆에서 십자가에 달린 죄수에게 그 사람이 예수와 더불어 바로 그날에 낙원에 있을 것이라고 말한다(「누가복음」, 23장 43절). 나사로와 부자의 비유에서 예수는 "죽어 천사들에게 받들려 아브라함의 품에 들어간" 거지 나사로를 죽어서 "음부에서 고통 중에" 있는 폭압적 부자를 대조시킨다(「누가복음」, 16장 19–23절). 예수는 사람들이 자신에 대해, 그리고 그들의 이웃에 대해 어떻게 살았는지에 근거해서 그가 "양들"을 "염소들"과 영원히 분리시킬 날에 대해서도 경고한다(「마태복음」, 25장 31–46절). 예수는 이러한 취지의 구약성경의 특정 구절들을 암묵적 근거로 삼는다(「다니엘」, 12장 2절 등). 그런데 그는 자신을 영원한 심판을 행하는 핵심 행위자로 삼는다.

예수의 가르침에 따르면, 우리가 죽음에서부터 육체와 분리된 중간 상태—하나님의 임재로 들어간 상태나 하나님의 임재에서 멀어진 상태—로 옮겨가며, 예수는 이 일 다음에 어떤 미래 시점에 마지막 심판을 위해 지상에 재림할 것이다. 이 일 후에 육체의 영원한 부활이 일어날 것이다.

> 무덤 속에 있는 자가 모두 그(하나님의 아들)의 음성을 들을 때가 오나니 선한 일을 행한 자는 생명의 부활로, 악한 일을 행한 자는 심판의 부활로 나오리라(「요한복음」, 5장 28–29절).

예수는 마지막 심판을 할 권위가 자신에게 있다고 주장한다.

나더러 '주여, 주여' 하는 자마다 다 천국에 들어갈 것이 아니요, 다만 하늘에 계신 내 아버지의 뜻대로 행하는 자라야 들어가리라. 그날에 많은 사람이 나더러 이르되 '주여, 주여, 우리가 주의 이름으로 선지자 노릇하며, 주의 이름으로 귀신을 쫓아내며, 주의 이름으로 많은 권능을 행하지 아니하였나이까?' 하리니 그때에 내가 그들에게 분명히 말하되 내가 너희를 도무지 알지 못하니 불법을 행하는 자들아 내게서 떠나가라 하리라(「마태복음」, 7장 21-23절).

지옥 심판

예수가 그렇게 하신 말들 때문에 일부 사람들은 예수를 건전한 사상가나 도덕 선생으로 여기려 하지 않았다. "왜 나는 그리스도인이 아닌가?"라는 유명한 논문에서 버트런드 러셀이 하나의 예가 된다.

내 생각에 그리스도의 도덕적인 성품에는 한 가지 매우 심각한 결점이 있다. 그것은 그가 지옥을 믿었다는 것이다. 나는 정말로 매우 인간적인 사람이 영원한 처벌을 믿을 수 있다고 느끼지는 않는다.[24]

---

24) Bertrand Russell, *Why I am Not a Christian and Other Essays on Religion and Related Subjects.* (Ed. Paul Edwards, New York: Simon and Schuster, 1957), 17.

러셀은 예수가 "그의 가르침을 듣지 않을 사람들에게 보복하는 분노"를 보여주었다고 주장했다. 그리고 결코 용서받을 수 없을 만큼 성령을 거슬러 죄를 짓는 것이 가능하다는 예수의 가르침은 "세계에 말할 수 없는 정도의 불행을 일으켰다." 친절한 사람이라면 세계에 대해 그러한 걱정들을 풀어놓지는 않았을 것이다.[25] 게다가 예수는 "슬피 울며 이를 가는 것을 보는 데서 어떤 즐거움"을 얻었다. "그렇지 않다면 그 일이 그렇게 자주 일어나지 않을 것이다."[26] 마지막으로 러셀의 주장에 따르면, 지옥 이론은 "세계에 잔인함을 집어넣었으며, 잔인한 고문을 하는 세대의 세계인들을 제공했다. 복음서의 그리스도는, 만일 여러분이 예수를 그의 기록자들이 표현하는 대로 받아들일 수 있다면, 그 일에 대해 일부 책임이 있는 것으로 여겨져야 할 것이 분명하다."[27] 러셀의 비난들이 유효하다면, 예수는 도덕적으로나 철학적으로 실패한 셈이다. 그렇지만 그 비난들은 의문시될 수 있다.

첫째, 예수는 하나님의 심판을 예언할 때 "보복의 분노"를 내지 않았다. 어떤 경우에 그는 강력한 경고를 하지만, "슬피 울며 이를 가는 것을 보는 일을 즐거워하는 모습을" 보이지 않았다. 그리고 예수는 "율법 선생들과 바리새인들"을 향해 일곱 가지 비난(또는 "재난")을 말한 후에 예루살렘이 그의 구원 제안을 받아들이지 않았다는 이유로 예루살렘에 대해 탄식한다.

---

25) 같은 책, 12–13쪽.
26) 같은 책, 18쪽.
27) 같은 글.

"예루살렘아, 예루살렘아, 선지자들을 죽이고 네게 파송된 자들을 돌로 치는 자여, 암탉이 그 새끼를 날개 아래에 모으는 것과 같이 내가 네 자녀를 모으려 한 일이 몇 번이더냐. 그러나 너희가 원하지 아니하였도다"(「마태복음」, 23장 37절).

예수는 십자가에 죽을 때 자신의 십자가형에 대해 책임져야 하는 사람들에 대해 기도한다. "아버지, 저들을 용서(赦)하여 주옵소서. 자기들이 하는 것을 알지 못함이니이다"(「누가복음」, 23장 34절). 이것은 복수심을 품은 것이 아니라 용서하고 동정심을 베푸는 것이다. 예수는 악의를 품지 않으며, 그가 천국과 지옥을 모두 믿기 때문에 경고를 한다. 예수가 영원한 상실을 되풀이해서 경고한다는 것은 그가 그것을 즐긴다는 뜻이 아니다. 이것은 마치 의사가 천식환자에게 금연하지 않으면 죽을 것이라고 되풀이해서 경고하는 일을 즐기지 않는 것과 같다. 예수가 성령을 거슬리는 영원한 죄가 실제로 가능하다고 믿었다면, 다른 사람들에게 그 죄를 저지르지 말라고 경고하는 것이 그의 의무일 것이다(「마가복음」, 3장 20-30절). 일부 사람들이 이 죄를 짓는 것에 관해 불필요하게 걱정했다는 사실은 예수 때문이라고 여겨지지 않아야만 한다. 이것은 심기증 환자들[28]이 자신들에게 없는 질병에 걸렸다고 생각할 때 병리 의사들이 책임을 져야 하는 것은 아닌 것과 같다.

둘째, 지옥이라는 관념이 여러 세대의 사람들로 하여금 다른 사람들을

---

28) 옮긴이 주 : 자기 건강을 지나치게 신경 쓰는 사람.

잔인하게 고문하도록 유도했다는 러셀의 주장은 지나치게 과장되어 있다. 우리는 일찌감치 가해지는 고문이 이단들에게서 영원한 처벌을 면하게 하리라는 소망으로 이단들을 고문한 소수의 종교재판관들을 인용할 수도 있다. 그런데 이것은 여러 세대에 걸친 그리스도인들 중 탈선한 소수 비율의 사람들일 뿐이다. 예수를 따르기로 하는 사람들 대다수는 예수의 구원 메시지와 관련하여 경고와 초청의 태도를 택했으며, 고문을 행하는 일을 택하지 않았다. 고문은 유대교나 기독교의 성경(이나 기독교의 신조) 어느 곳에서도 회심이나 정화, 죄 갚음의 방법으로 권고되지 않는다.

셋째, 일부 사람들이 지옥이라는 생각을 완전히 비위에 거슬리는 것이라고 여기지만, 지옥이론을 뒷받침하는 철학적 논증들이 열거되었다. 우리가 인간의 죄와 도덕적 책임이라는 실재와 관련하여 하나님의 완전하고 무한한 거룩과 정의라는 생각을 이성적으로 뒷받침할 수 있다면, 하나님의 구원제안을 거부하는 사람이 영원한 처벌을 받는 일은 근거 없는 것이 아니다. 밀턴의 루시퍼가 『실락원』에서 표현하듯이,

> 그렇게 소망이여 잘 가라. 소망과 더불어 두려움이여 잘 가라.
> 후회여 잘 가라. 나에게 모든 선(善)이 상실되었다.
> 그대, 악은 나의 선이다. ……
> 천국에서 종노릇하는 것보다 지옥에서 통치하는 것이 더 좋구나.[29]

---

29) 밀턴의 루시퍼가 신적인 권위에 대항하는 강력한 반역의 본질을 파악하지만, "지옥에서의 통치"라는 개념은 모순이다. 왜냐하면 성경적인 지옥 개념은 인간들 사이에 그런 관계를 허용하지 않기 때문이다. 지옥에는 진정한 보상이 없다.

그리고 악의가 전혀 없으면서도, 성경적으로 옹호할 수 있고 철학적으로도 옹호할 수 있는 지옥 모델들이 있다.[30]

예수는 확고한 형이상학을 명확하게 말했다. 그는 매우 인격적인 유신론을 채택했고, 하나님이 인간의 일과 우주의 일을 통치하는 것을 채택했다. 즉 그의 사역을 통해 새롭고 결정적인 단계로 들어가는 통치를 채택했다. 예수는 심신 이원론자였으며, 죽은 사람의 부활과 영원한 심판을 인정했다. 많은 경우에 그분은 귀신 쫓아내기와 치유를 통해 악령의 영역과 싸웠다. 그는 사탄과 악령, 천사들에 관한 말을 했지만 그의 주된 초점은 언제나 하나님, "잃어버린 자를 찾아 구원하라는"(「누가복음」, 19장 10절) 하나님의 명령에 있었다.

---

30) Michael J. Murray, "Heaven and Hell," in Micahel J. Murray, ed., *Reason for the Hope Within*(Grand Rapids, MI: Eerdmans, 1999), 287-317; C. S. Lewis' chapter, "Hell," in *The Problem of Pain*(New York: Simon and Schuster, 1996; orig. pub. 1962), 105-114.

Chapter 5

예수의 인식론

ON
JESUS

인식론은 진리 주장들을 이성적으로 평가하는 일을 하는 철학연구이다. 인식론은 지식의 원천과 기준, 수단, 영역을 다룬다. "예수"라는 단어와 "인식론"이라는 단어를 함께 떠올리는 일은 그리 흔하지 않다. 그런데 예수의 인식론이 명시적이기보다 함축적이기는 하지만, 예수는 우리가 지식을 어떻게 얻는가에 관해 사실에 입각한 확신들을 지녔다. 예수는 외부세계에 대한 우리 지식의 정당화나 회의주의 때문에 속을 태우지 않았다. 예수는 신학적이고 도덕적인 여러 주장들을 하기 위해 외부세계가 실재함에 호소한다. 예수가 종교지도자들에게 그들이 날씨 유형을 이해할 수 있으면서도 "시대의 표적은 분별할 수 없느냐"(「마태복음」, 16장 3절)고 말할 때 그러하다. 이 점에 있어서 예수는 상식적 실재론자이다. 많은 경우에 예수는 자신의 주장을 뒷받침하기 위해 경험적 증거를 열거하곤 한다. 예수는 모순율과 실존적 실행가능성을 진리검사로 여기

기도 한다. 예수는 하나님의 계시라는 맥락에서 상상력과 성품이 인식에 대해 중요함을 강조한다.

사실적 증거

많은 경우에 예수는 정확하게 관찰할 수 있는 것을 넘어서는 영적 영역에 대해 말하지만, 경험적 증거가 그의 많은 주장들을 옹호하는 데 사용될 수 있다고도 말한다.[1] 예수는 우리의 믿음이 사실과 맞아야 한다고 언제나 전제한다. 그의 가르침을 믿는다고 해서 우리가 시간과 공간, 사건의 세계로부터 신비적으로 벗어나는 것은 아니다. 여러 맥락에서 예수는 자신을 메시아를 고대하는 구약성경의 성취로 제시했다(「누가복음」, 24장 13-49절).[2] 세례요한이 예수의 정통성에 대해 물었을 때, 예수는 자신이 메시아라는 주장을 뒷받침하기 위해 그가 한 일이라는 증거에 호소했다(「마태복음」, 11장 4-6절). 예수는 사람들에게 그의 표적이나 기적에 기대어 그를 믿으라고 요구했다. 표적이나 기적의 특별한 성격이 예수의 권위를 확립하는 데 이바지했다(「요한복음」, 10장 38절). 예수는—안식일과 메시아, 종교적 의무 등에 관한—그의 성경해석이 비판자들의 성경해석보다 사실에 좀 더 잘 맞는다고 여러 번 주장했다.

---

1) 3장에서 예수의 증거 사용에 대한 논의도 참조하라.
2) 메시아적 기대를 성취했다는 예수의 주장들에 관해 Walter Kaiser, *The Messiah of the Old Testament*(Grand Rapids, MI: Zondervan, 1995) 참조.

예수는 그분이 핍박받고 "제3일에"—구체적이고 계산될 수 있는 때에—부활할 것이며 지상(地上)에서 제자들과 다시 연락할 것이라고 예언했다(「마태복음」, 16장 21절). 복음서는 예수를 부활 후에 음식을 먹고 경험적으로 관찰될 수 있는 분으로 제시한다. 예수는 제자들에게 "내 손과 발을 보고 나인 줄 알라. 또 나를 만져 보라"(「누가복음」, 24장 39절)고 권한다.[3] 사도 요한의 증언이 이 경험적 차원을 확대한다. "태초부터 있는 생명의 말씀에 관하여는 우리가 들은 바요, 눈으로 본 바요, 자세히 보고 우리의 손으로 만진 바라"(「요한일서」, 1장 1절). 예수도 부활 후에 모든 사람에게 오해의 여지가 없도록 다시 돌아오실 때를 예언한다(「마가복음」, 13장 26절).

윤리에 관해 예수는 우리의 성품이 (적어도 부분적으로) 경험적 증거에 의해 평가된다고 가르친다. "이러므로 그들의 열매로 그들을 알리라"(「마태복음」, 7장 20절). 예수는 "너희는 나를 불러 '주여, 주여' 하면서도 어찌하여 내가 말하는 것을 행하지 아니하느냐?"(「누가복음」, 6장 46절)라고도 묻는다. 사실들은 말이 거짓임을 입증할 수 있다.

진리 검사로서의 무모순성

예수는 성경에서 추론해내며, 그분의 비판가들에 맞서 추론한다. 예수는 부활한 상태나 정치적 충성과 관련하여 겉보기에는 해결될 수 없

---

3) 예수가 부활했다는 주장을 둘러싼 문제들은 8장에서 논의된다.

는 딜레마에 직면할 때(『마태복음』, 22장 15-22절), 딜레마의 두 뿔을 피해가는 제3의 대안을 발견한다. 이것에서, 그리고 모든 다른 논증 사용에서 예수는 암묵적으로 무모순성을 진리의 필수적 검사로서 보장한다. 한 진술과 그 진술의 부정은 동일한 시점에 동일한 방식으로 모두 참일 수는 없다. 예수는 어떤 명제와 그것의 부정 모두를 참으로 받아들이지 않는다. 예수는 이성적 사유를 무장해제 하고 신앙의 여지를 만드는 방식으로서의 모순 역설들을 한껏 즐기지도 않는다. 예수가 논리적 궁지에 몰릴 때, 해결될 수 없는 역설에 호소한 적이 한 번도 없다—물론 많은 경우에 예수는 적절한 가르침의 끝을 기억하도록 하기 위해 역설을 사용할 것이다. 예수는 모순된 가르침을 주거나 구약성경에 반대한다는 비난을 받을 때 외견상의 모순을 해결하고 그분의 가르침을 변호하기 위해 논증한다.

그럼에도 불구하고 일부 해석자들은 예수가 지성을 더 이상 작용하지 못하게 하는 모순들을 사용했다고 주장함으로써 예수를 유대인 선사나 구루로 만들고자 한다. 그 해석자들은 예수의 여러 역설적 말을 화두에 비유한다. 화두는 논리적 불가능성과 관련하는 수수께끼이다. 화두는 선 제자에게 그 제자가 일상적인 논리분석과 이성적인 과정을 초월하도록 유도하려고 주어진다. 선 인식론은 "무념무상"의 상태를 얻기 위해 화두와 (여러 시간 동안 빈 벽을 보고 명상하는 일인) 참선과 같이 다양한 실천을 통해 모든 이원성과 대립을 초월하는 것을 포함한다. 하나의 유명한 화두는 "한 손바닥으로 (치는) 소리는 무엇인가?"이다. 이 물음에는 대답이 없다. (일상적 의미의 손뼉에서는) 한 손바닥으로 손뼉을 칠 수 없기 때문이다.[4]

예수는 "먼저 된 자로서 나중 되고 나중 된 자로서 먼저 될 자가 많으니라"(『마태복음』, 19장 30절)와 같이 얼핏 보기에 화두와 비슷한 말들을 한다. 그런데 예수의 역설 사용은 비논리적이지 않고 교육적이다. 그 사용은 이성적 범주들을 계몽의 수단으로 여기지 않고 버리는 선(禪)이나 다른 모든 종류의 신비적 실천과는 아무 관계가 없다. 예수의 역설은 경구(警句)로 주어진 것이 아니라, 그의 가르침을 기억하도록 하는 결론으로 주어진 것이다. 그 역설들은 지적인 맥락을 지니며, 명제적 지식을 전달한다. "먼저 된 자로서 나중 되고 나중 된 자로서 먼저 될 자가 많으니라"는 진술은 화두처럼 "먼저 된 자가 나중 된 자와 같다"(모순)는 진술을 긍정하지는 않는다. 도리어 예수는 이 세상에서 예수를 따르기 위해 많은 것을 포기하는 사람들의 마지막 보상에 대해 말하고 있다. 이 보상은 그들이 경험한 손실을 보상하고도 남는다. 그러므로 "먼저 된"(또는 이 세상에서 복 받은) 많은 사람들이 "나중 될"(즉, 내세에서 불행할) 것이며, 그리고 그와 반대도 성립한다. 예수의 어법은 역설적이며 따라서 교육적 자극을 준다. 그런데 이해될 수 있는 확정적인 의미가 그 어법에 있다(『마태복음』, 19장 16-30절 참조).

---

4) 화두를 통해 예수와 기독교를 이해하려는 시도에 대해서는 William Johnston, *Christian Zen*(New York: Harper and Row, 1971), 7장 참조.

지식의 실존적인 결과

예수는 실용주의적 지식 정의(定義)를 주장하지 않았다. 그는 한 진술을 참으로 만드는 것은 그것이 바람직하거나 유익한 결과를 낳는지의 여부라고 생각하지 않았다. 그런 경우라면 예수는 자기만족에 빠진 바리새인과 (죽음 이후의 삶을 부정하기에) 신학적으로 잘못된 사두개인들을 "그들 자신의 진리"에 내버려두었을 수도 있다. 그와 반대로, 예수는 "외모로 판단하지 말고 공의롭게 판단하라"(「요한복음」, 7장 24절)와 같은 말을 했다. 올바른 판단은 있는 그대로의 실재와 일치해야 한다. 그 판단은 사실과 맞아야 한다.

그럼에도 불구하고, 비록 예수가 경고하듯이 개인적인 희생이 그분의 제자들에게 요구될 것이지만, 예수는 그의 가르침이 적용가능하고 실제적이라고—그의 가르침에는 현세에, 그리고 분명히 내세에 유익한 결과들이 있다고—주장했다. 이것은 실천적이거나 실존적인 진리검사를 가리킨다. 예수의 가르침이 만일 참이라면 삶과 구체적으로 관련되어야 하며, 다른 방식으로 가능한 것보다 더 좋은 방식의 삶인 인간 번영을 낳아야 할 것이다. 즉, 예수의 가르침은 경험에 근거해서 실행가능해야 한다.[5] 산상설교가 이러한 취지의 작은 비유로 끝난다.

누구든지 나의 이 말을 듣고 행하는 자는 그 집을 반석 위에 지은 지혜

---

5) 이것은 예수가 실존주의자임을 결코 뜻하지 않는다.

로운 사람 같으리니 비가 내리고 창수가 나고 바람이 불어 그 집에 부딪치되 무너지지 아니하나니 이는 주추를 반석 위에 놓은 까닭이요, 나의 이 말을 듣고 행하지 아니하는 자는 그 집을 모래 위에 지은 어리석은 사람 같으리니 비가 내리고 창수가 나고 바람이 불어 그 집에 부딪치매 무너져 그 무너짐이 심하니라(「마태복음」, 7장 24-27절).

그리고 예수는 그분의 제자들이 그들의 삶에서 분명한 변화를 경험했을 것이라고 가르쳤다. "도둑이 오는 것은 도둑질하고 죽이고 멸망시키려는 것뿐이요, 내가 온 것은 양(¥)으로 생명을 얻게 하고 더 풍성히 얻게 하려는 것이라"(「요한복음」, 10장 10절). 많은 구절에서 예수는 제자들에게 예수를 따른 결과로 제자들의 성품에 어떤 바람직한 영적 변화가 일어날 것이라는 확신을 주었다. 제자들은 재판과 박해, 자기부정, 그리고 제자도의 다른 결과들에도 불구하고 어두움 가운데 걷지 않을 것이며, 홀로 있지 않을 것이며, 어떤 것에 의해 압도되지 않을 것이다(「마태복음」, 28장 20절: 「누가복음」, 21장 10-19절).

지식과 상상력: 비유

예수가 비유를 자주 사용한 것은 인식론적인 함축들을 갖는다. 예수의 비유의 의미는 많이 논의되었다. 그런데 예수의 인식론에서 이 허구적[6](이지만 진리를 전달하는) 이야기들의 중요함에 초점을 둘 것이다.[7]

예수 이전의 히브리 선지자들처럼 예수의 상당수 가르침들도 추론과 반대되는 의미의 비유로 되어 있다. 예수는 하나님의 나라와 성격을 설명하기 위해 비유를 아주 많이 사용한다. 그런데 비유는 추론적이지 않지만 그렇다고 이성적이지 않은 것은 아니다. 비유는 우리에게 극적인 형식에 담긴 논리적인 관계들을 보라고 권한다. 철학사는 잊기 어려운 많은 비유들을 내놓는다. 가장 유명한 비유가 『국가』에 나오는 플라톤의 동굴 비유이다. 그 비유에서 죄수들은 그림자를 실재로 잘못 이해한다. 키에르케고어의 저술들도 비유들로 가득 차 있다.[8]

예수의 비유들은 매우 짧으며, 소수의 인물들만 포함시킨다. 그 비유들은 듣는 사람들의 흥미를 끌어내며, 그들이 그 이야기에 반응하고 스스로 그 이야기를 해석하도록 도전한다. 예수는 여러 가지 이유 때문에 비유를 말하는 데, 많은 경우에 그분의 말을 듣는 사람들이 그렇지 않았으면 접근하지 못했을 노선의 생각을 하도록 이끌기 위해 비유를 사용한다. 예수의 비유들이 지나치게 풍유적으로 해석되었기는 하지만, 그 비유들의 문맥에서 비유들의 의미를 얻어야만 한다. 각 비유에는 하나의 요점이나 몇 가지 요점이 있으며, 그것 이상으로 해석을 좀 더 짜내어서는 안 된다.

---

6) 옮긴이 주 : 저자가 'fictional' 이라는 용어를 사용하는데, 옮긴이가 보기에 이것은 비유에 등장하는 이야기가 실제 일어난 사건을 다루지 않고 가상의 사건을 다룬다는 의미에서 사용되었다.

7) 허구가 어떻게 진리를 전달할 수 있는지에 대해서는 Michael Jubien, *Contemporary Metaphysics*(Malden, MA: Blackwell Publishers, 1997), 175~187쪽 참조.

8) Thomas C. Oden, ed. *The Parables of Kierkegaard*, reprint ed.(New York: Princeton University Press, 1989) 참조.

어떤 경우에 예수는 질문에 직접 대답하기보다는 비유를 말한다. 이 것은 질문자가 잘못 질문하고 있거나 논증을 들으려 하지 않기 때문이 다. 선한 사마리아 사람이라는 유명한 비유는 여러 가지 도덕적인 교훈 들을 가르칠 뿐 아니라, 예수가 도덕적인 지식의 인식론에서 상상력에 대해 보이는 관심을 보여주기도 한다.

한 유대율법 전문가가 영원한 생명을 물려받으려면 반드시 무엇을 해야 하는지를 예수에게 묻는다. 예수는 그 사람에게 율법이 무엇이라 말하는지 묻는다. 그 사람은 우리가 우리의 전 존재를 다해 하나님을 사 랑해야 하며, 우리 이웃을 우리 자신처럼 사랑해야 한다고 대답한다. 예 수는 이것이 정확하며 우리가 이 일을 행하면 우리가 살 것이라고 대답 한다. 누가는 우리에게 그 사람이 "자기를 옳게 보이고 싶어 했다고" 말 한다. 그래서 그 사람은 "그러면 내 이웃이 누구이니까" 하고 예수에게 묻는다(「누가복음」, 10장 25~29절).

예수는 그 질문에 직접 대답하지 않고 예루살렘에서 여리고로 가다 가 강도를 만나 벌거벗겨지고 반쯤 죽은 상태로 길에 버려진 사람에 관 한 유명한 이야기를 한다. 사회적으로나 종교적으로 높은 지위에 있던 사람들인 제사장과 레위인은 그 불쌍한 사람을 스쳐가면서도 아무 일을 하지 않았다. 그런데 한 사마리아 사람이 그 불행한 친구에게 연민을 지 녔다. 그는 그 사람의 상처를 감싸고 그를 나귀에 실어 여관으로 데려가 서 여관주인에게 희생당한 사람을 돌보도록 했다. 그 사마리아인은 돈 을 지불했다. 이제 예수가 질문한다. "네 생각에는 이 세 사람 중에 누 가 강도 만난 자의 이웃이 되겠느냐?" 율법 교사가 대답한다. "자비를

베푼 자니이다." 예수는 대답한다. "너도 이와 같이 하라"(「누가복음」, 10장 26-
37절).

사마리아 사람을 영웅으로 사용한 것은 전통을 뒤엎었다. 왜냐하면
유대인들은 사마리아 사람들을 종교적으로나 민족적으로 잡종이라 여
겨 경멸했기 때문이다(「요한복음」, 4장 9절 참조). 예수는 "모든 사람이 네 이웃이
다"와 같은 추상적인 원리를 제시하지 않고, 그 사람을 이야기로 끌어
들여서 도덕적인 상상을 통해 그의 생각의 방향을 재조정하도록 하기
위해 비유를 말한다. 예수는 "내 이웃이 누구이니까"라는 그 사람의 질
문에 "너는 도움이 필요한 사람에게 이웃이 되어야 마땅하다"고 함으로
써 대답하지 않는다. 도리어 예수는 그 질문을 "도움이 필요한 사람들
에게 누가 참된 이웃인가?"라는 질문으로 바꾼다. 예수는 사회적으로
추방당한 사람이 도덕적 영웅이 되는 반면에 사회적 지위가 있는 사람
들이 무감동하고 사려가 없다는 시나리오를 제시한다. 이 비유의 취지
는 질문자가 도덕적인 율법의 요구들에 대해 지니는 의식을 부각시키며
거짓 위선을 의로움 앞에 드러내는 데 있다.

예수는 소작인의 비유에서 이스라엘이 하나님의 선지자들을 어떻게
다루었는지를 드러내기 위해 한 이야기를 한다. 한 사람이 담장을 치고
망대를 세운 포도원을 가꾸었으며, 여행을 떠나기 전에 그 포도원을 농
부들에게 빌려주었다. 추수 때 주인이 한 종을 보내어 수확물 중 일부를
소작료로 거두도록 했다. 그런데 소작인들이 그 종을 때리고 빈손으로
쫓아 버렸다. 주인이 다른 종을 보냈지만, 그 종도 마찬가지로 업신여김
을 받았다. 주인은 다른 종들을 여럿 보냈지만, 그들도 죽임을 당하거나

얻어맞았다. 마침내 유일하게 보낼 사람으로는 주인이 사랑하는 주인의
아들만 남았다. 주인은 "소작인들이 내 아들은 존대하리라"고 잘못 생각
했다. 소작인들은 이 사람이 유산을 상속받을 사람임을 알고서 "자 죽이
자 그러면 그 유산이 우리 것이 되리라"고 말했다. 그 아들도 그들의 손
에서 죽음을 맞았으며, 포도원 밖으로 던져졌다. 이제 예수가 말했다.

> 포도원 주인이 어떻게 하겠느냐 와서 그 농부들을 진멸하고 포도원을
> 다른 사람들에게 주리라. 너희가 성경에 건축자들이 버린 돌이 모퉁이
> 의 머릿돌이 되었나니 이것은 주로 말미암아 된 것이요, 우리 눈에 놀랍
> 도다 함을 읽어 보지도 못하였느냐?"(「마가복음」, 12장 1-11절; 「시편」, 118장 22-23절
> 참조)

마가는 대제사장들과 율법 교사들과 장로들이 "예수의 이 비유가 자기
들을 가리켜 말씀하심인 줄 알고 잡고자 하되"(12절)라고 기록한다. 그들
은 예수의 말에 의해 고발되고 유죄 판정을 받았다.
　예수는 얼마 동안 이 지도자들과 더불어 교리와 윤리의 문제들을 논
쟁했다. 그런데 이제 예수는 자신을 옹호하는 다른 논증을 내놓지 않고,
암묵적으로 그들을 하나님의 선지자들과 하나님의 아들인 예수 자신을
존중하지 못한, 불충하고 잔인한 소작인들로 여긴다. 예수는 그분의 비
유에 나타난 인물들이 누구를 나타내는지 분명하게 설명하지 않았다.
예수는 청중들이 그것을 스스로 식별하도록 내버려두었다. 이것이 바로
그들이 그렇게 동요된 이유이다. 아마 그들은 예수가 「이사야」, 5장 1-

7절을 언급하고 있었던 것을 알았던 것 같다. 그곳에서 이스라엘은 자비로운 주인인 하나님을 배반하는 포도원지기로 묘사된다.

예수의 비유 사용은 너무 다양해서 여기서 다루지 못하는 많은 목적들을 이룬다. 그런데 인식론적인 논점은 그 비유들이 듣는 사람을 드라마에 실존적으로 끌어들인다는 것이다. 그 비유들은 상상에 관여하며, 마음을 맑게 하며 양심에 불꽃을 당기며 의지에 도전한다. 비유들은 3인칭 논의가 아니며, 1인칭 참여를 일으킨다.

> 비유들은 즐기기 위한 이야기에 그치지 않는다. 비유들은 하나의 실재를 들어 다른 실재, 즉 하나님의 나라를 반영하는 데 이바지하도록 한다. 비유들은 이해에 이르는 길이며, 우리가 그 나라를 파악할 수 있는 수단이다. 예수는 비유를 말함으로 사람들이 하나님의 나라의 특성에 직면하도록 하며, 사람들을 하나님의 나라에 참여하여 그 나라에 맞게 살도록 초청한다.[9]

여기서 (예수께서 공유하시는) 히브리적 지식 이해와 고대 그리스인의 지식 이해를 정당하게 대조시킬 수 있다. 둘 다 진리를 실재와의 일치를 반드시 포함하는 것으로 여겼지만, 그리스 사상에서 하나님을 아는 것은 궁극적 실재를 불변하는 철학적 추상물로 관조(觀照)하는 것을 뜻했다. 도드

---

9) K. R. Snodgrass, "Parable," in *Dictionary of Jesus and the Gospels*, ed. Joel B. Green, Scot McKnight, I. Howard Marshall(Downers Grove, IL: InterVarsity Press, 1992), 597.

(C. H. Dodd)가 표현하듯이,

> 그리스적 신(神) 지식은 매우 추상적인 형태의 순수 관조인 반면에, 히브
> 리인에게 신(神) 지식은 본질적으로 신과의 교제이다. 그것은 시간 속에
> 서 신이 사람들을 다루시는 것을 경험하고, 신의 계명을 듣고 순종하는
> 것이다.[10]

예수께서 관계적 지식을 강조하는 것은 영지주의 문서들의 예수와
크게 대조된다. 그 문서의 예수는 영적 지식(그노시스)이—공간과 시간, 역
사의 실재인—세계를 본질적으로 그대로 내버려두는 또 다른 세계와
신비적으로 접촉하는 것이라고 주장한다. 그노시스는 타락하고 회복 불
가능한 물질적인 우주를 초월하는 것을 이루 말할 수 없이 경험하는 것
이다. 영지주의자들에게 인식되어야 하는 궁극적인 실재는 구약성경의
인격적인 창조주와 언약의 주님이 아니라, 개념과 언어, 역사를 넘어서
는 충만(플레로마)이다. 그러므로 영지주의 인식론은 예수가 복음서 정경에
서 제시하는 인식 방법과 전혀 다르다.[11]

예수는 역사 가운데 활동하시는 창조주 하나님에 대해 청중들의 마음
을 열기 위해 비유를 말한다. 예수의 가르침은 결단과 행동을 요구한다.

---

10) C. H. Dodd, *The Interpretation of the Fourth Gospel*(Cambridge: Cambridge University Press, 1953),
152.
11) 영지주의에 관해 더 알고 싶으면 Douglas Groothuis, *Jesus in an Age of Controversy*(Eugene, OR: Wipf
and Stock Publishers, 2002), 77-101쪽 참조.

예수는 청중들이 "그것은 흥미로운 생각이다. 그런데 그것이 어쨌단 말인가?"라고 생각하도록 내버려두지 않으셨다. 비유는 여흥이 아니다.

그렇지만 씨 뿌리는 사람의 비유는 눈이 멀고 귀가 먹었고 마음이 완고한 사람들을 꾸짖는다. 이 비유는 더 연구하는 데 관심을 두는 사람들을 격려하기보다, 고칠 수 없는 사람들에게 심판의 선고를 내린다(「마태복음」, 13장 1~15절).

하나님의 성품과 지식

최근 철학자들은 인식론에서 도덕적 성품의 역할을 재발견하기 시작했다. 철학자들은 믿음이 지식(진리+정당화 또는 보증)이 될 수 있도록 하는 것이 무엇인지 여전히 묻는다. 이는 옳다. 그런데 이제 좀 더 많은 철학자들은 믿음을 가진 사람들이 지식을 얻을 수 있기에 좋은 후보자가 되도록 하는 것이 무엇인지를 묻고 있다. 어떤 사람이 지식을 얻도록 하는데 어떤 자질들이 가장 적합한가? 알아야 하는 것을 아는 한 사람의 능력에 어떤 특성이 해악을 끼치는가? 이것은 덕 인식론으로 불린다. 이 인식론은 서구 전통에서 아퀴나스와 아우구스티누스에까지 거슬러 올라가는 긴 계보를 갖고 있다. 지성적 덕들은 고전적으로 인내와 끈기, 겸손, 학문사랑, 정직한 진리추구와 같은 자질들을 포함했다. 피해야 하는 악덕에는 조급함과 멍청함, 자만, 쓸데없는 호기심, 지적 무감동이 들어간다.[12]

예수의 인식론은─덕과 악덕 모두인─성품을 크게 강조한다. 성품은 예수가 신에 대한 지식과 윤리학을 가르친 것과 밀접하게 관련된다. 예수는 논증하고 비유를 말할 뿐 아니라, 사람들에게 지적으로 정직하고 진지하라고 요구한다. 예수가 자기중심적인 판단을 정당하다고 고집하는 태도(판단적인 자세)의 위험에 관해 가르친 유명한 도덕은 쉽사리 간과되는 인식론적인 요소를 담고 있다.

> 비판을 받지 아니하려거든 비판하지 말라. 너희가 비판하는 그 비판으로 너희가 비판을 받을 것이요, 너희가 헤아리는 그 헤아림으로 너희가 헤아림을 받을 것이니라. 어찌하여 형제의 눈 속에 있는 티는 보고, 네 눈 속에 있는 들보는 깨닫지 못하느냐. 보라, 네 눈 속에 들보가 있는데 어찌하여 형제에게 말하기를 나로 네 눈 속에 있는 티를 빼게 하라 하겠느냐. 외식하는 자여, 먼저 네 눈 속에서 들보를 빼어라. 그 후에야 분명히 보고 형제의 눈 속에서 티를 빼리라(「마태복음」, 7장 1-5절).

많은 경우에 이 구절은 맥락과 무관하게 예수가 상대주의자인 것처럼 모든 도덕적 판단을 금지하는 것으로 여겨졌다. 그런데 예수는 다른 것을 염두에 두고 있다. 객관적 기준에 근거를 두고 자신을 매우 날카롭게 평가하고 다른 사람들을 제대로 평가하는 일이다. 예수는 모든 도덕

---

12) Jay Wood, *Epistemology: Becoming Intellectually Virtuous*(Downers Grove, IL: InterVarsity Press, 1998) 참조.

적 판단이 다른 사람과 관련되는 것처럼 자신과도 관련되어야 한다고 규정한다. 그러므로 우리는 다른 사람들을 판단할 때 암묵적으로 자신도 동일하게 판단한다. 그것에 비추어볼 때 한 사람은 우선 자신의 존재에게서 도덕적 불순물을 찾으려 하고 그 불순물을 진지하게 다루어야 할 필요가 있다("네 눈 속에서 들보를 빼어라"). 그러할 때에야 비로소 우리는 다른 사람을 평가할 수 있기에, 다른 사람의 눈으로 들보를 "밝히 볼 수 있기에" 인식론적으로나 윤리적으로 좋은 입장에 있다.

우리는 만일 우리 자신을 우리 자신의 기준에 의해 평가하지 못한다면, 다른 사람들의 도덕적 지위를 올바로 분별할 수 없다. 달리 말하자면, 올바른 도덕적 평가는 자신에 대한 지식을 요구하며, 특별한 변명을 허용하지 않는다. 위선자는 도덕적 결함을 지닐 뿐 아니라, 인식론적으로도 틀린다. 우리는 자신의 양심에 주관적으로 주목하지 못함으로써 도덕적 실재들을 객관적으로 분별하지 못한다. 그래서 많은 경우에 사람들은 자신들의 위반을 무시하거나 흐리기 때문에 다른 사람들을 비난할 것이다.

예수는 사람들이 하는 모든 말에 대해 하나님 앞에서 책임지게 될 것이라고 경고할 때 상황을 정당하게 평가하도록 하는—즉, 덕이 있는 인식자가 되도록 하는—또 다른 동기를 준다. 그들의 판단은 그들의 성품에서 나오며, 그들의 성품은 그들의 운명에 영향을 줄 것이다.

> 선한 사람은 그 쌓은 선에서 선한 것을 내고 악한 사람은 그 쌓은 악에서 악한 것을 내느니라. 내가 너희에게 이르노니 사람이 무슨 무익한 말

을 하든지 심판 날에 이에 대하여 심문을 받으리니, 네 말로 의롭다 함을 받고 네 말로 정죄함을 받으리라(「마태복음」, 12장 35~37절).

어떤 경우에 예수는 청중의 성품이 그의 말과 행동의 진리를 알고 적용할 수 있는 그들의 능력을 해친다고 여겼다. 예수는 자신의 신분에 관한 말다툼에서 그분의 청중들이 세례요한이 예수를 옹호한 증언이나 그들의 성경을 이해하지 못한다고 꾸짖었다. 그들에게는 "하나님을 사랑하는 마음이 없다."

나는 내 아버지의 이름으로 왔으매 너희가 영접하지 아니하나 만일 다른 사람이 자기 이름으로 오면 영접하리라. 너희가 서로 영광을 취하고 유일하신 하나님께로부터 오는 영광은 구하지 아니하니 어찌 나를 믿을 수 있느냐?(「요한복음」, 5장 43~44절)

사람들은 이것이 인신공격의 오류라고 생각할 수 있다. 예수는 논증이 아니라 사람을 공격하고 있다. 그런데 예수는 성품을 부정적으로 평가함으로써 논쟁을 대신하지는 않는다. 도리어 예수는 그들이 사회적 지위에 지나친 관심을 둠에 따라 그를 믿을 능력이 없다고 설명한다. 그러한 관심 때문에 그들은 진리를 추구하지 못한다. 좀 더 많은 증거나 논증을 주는 것은 여기서 예수의 목적에 이바지하지 못한다. 그 대신 예수는 그들의 성품의 결함과 그것의 인식론적 귀결을 찾아낸다.
예수는 사람들로 하여금 예수의 메시지를 이해하지 못하도록 하는 악덕을 경고하지만, 어떤 덕목들이 영적 지식에 이바지한다고 칭찬하기도 한다. 가령 그는 "내 교훈은 내 것이 아니요, 나를 보내신 이의 것이니라. 사람이 하나님의 뜻을 행하려 하면 이 교훈이 하나님께로부터 왔는지 내가 스스로 말함인지 알리라"(「요한복음」, 7장 16-17절)고 말한다. 우리의 뜻을 하나님의 뜻에 맞추려는 태도는 "아버지"와 관련하여 예수의 권위를 식별하는 데 필요하다—이는 예수의 신분을 이해하는 열쇠이다. 예수는 산상설교에서 끈덕지게 추구하는 일에 관해 좀 더 포괄적이지만 위의 구절에 필적하는 말을 한다.

> 구하라, 그리하면 너희에게 주실 것이요. 찾으라, 그리하면 찾아낼 것이요. 문을 두드리라, 그리하면 너희에게 열릴 것이니, 구하는 이마다 받을 것이요, 찾는 이는 찾아낼 것이요, 두드리는 이에게는 열릴 것이니라(「마태복음」, 7장 7-8절).

이와 마찬가지로 예수는 자유에 이르는 지식을 우리가 예수의 제자가 될 것인지 여부와 연결한다. "너희가 내 말에 거하면 참으로 내 제자가 되고 진리를 알지니 진리가 너희를 자유롭게 하리라"(「요한복음」, 8장 31-32절). 예수에 대한 충성은 자유롭게 하는 지식에 이른다.

그런데 여러 경우에 예수는 기적을 베풀거나 논증에 대답하는 일을 하지 않는다. 예수의 청중들이 그러한 반응으로부터 어떤 것도 배우려 하지 않을 것이기 때문이다. 청중들은 진리를 추구하고 있지 않고 진리에 대항하고 있다. 그래서 예수는 그들에게 진리를 가르쳐야 할 의무를 지니지 않는다. 예수는 기적의 표적을 보여 달라는 강한 요구를 받을 때 항변하며 그의 청중이 영적으로 불충성하다고 꾸짖는다(「마태복음」, 16장 1-4절). 표적이 유익한 결과를 가져오지 못했을 것이다. 이와 마찬가지로 예수는 그의 권위에 관한 질문을 받을 때 질문하는 사람들이 세례요한의 활동을 하늘에서 온 것으로 여기는지 아니면 그저 사람의 것으로 여기는지 말하는 경우에만 대답할 것이라고 말한다. 이것은 그들이 피할 수 없는 딜레마를 제시한다. 만일 그들이 요한의 권위가 하나님으로부터 온 것이라고 말한다면, 예수는 왜 그들이 요한을 따르지 않았는지 물을 것이다. 만일 그들이 요한의 권위가 그저 사람의 것이라고 말한다면, 요한을 선지자로 올바로 받아들이는 군중들이 그들을 거부할 것이다. 그래서 그들은 "예수께 대답하여 이르되 우리가 알지 못하노라 하니 예수께서 이르시되 나도 무슨 권위로 이런 일을 하는지 너희에게 이르지 아니하리라"(「마태복음」, 21장 23-27절). 예수는 그들의 전제들을 폭로했으며, 그들이 어떤 식으로든 받아들이지 않을 대답을 하기보다는 그들을 딜레마에 빠지도록 했다. 예수는 그렇게 할 때, 그들의 인식을 방해하는 그들의 나쁜 성품을 드러냈다.

신에 대한 예수의 지식

예수의 지적이고 영적인 확신의 뿌리는 그가 하나님의 임재와 능력, 약속, 기쁨을 의식한 데 있다. 예수가 구약성경을 계시와 권위의 말씀으로 신뢰하는 것이(「마태복음」, 5장 17-20절; 「요한복음」, 10장 35절) 이 방침을 확증해준다. 하나님은 율법과 선지자들을 통해 말했다. 하나님은 예수 자신을 통해 계속 말한다. 4복음서는 모두 예수가 오랜 시간을 사용해서 기도했으며 하나님과 대화했으며 자신의 삶과 우주 전체를 향한 하나님의 뜻을 강하게 의식하면서 살았음을 증언한다. 예수는 아버지를 친밀하게 알았기 때문에 "들을 귀가 있고 보는 눈이 있는" 사람들에게 아버지를 알려줄 수 있었다.

「마태복음」의 한 구절은 (「요한복음」에서의 예수의 말과 매우 비슷하게 들리는데) 예수와 하나님의 관계를 예수의 지식의 원천으로 부각시킨다.

> 내 아버지께서 모든 것을 내게 주셨으니 아버지 외에는 아들을 아는 자가 없고 아들과 또 아들의 소원대로 계시를 받는 자 외에는 아버지를 아는 자가 없느니라(「마태복음」, 11장 27절; 「요한복음」, 10장 15절도 참조).

여러 구절에서 예수는 어떤 종류의 영적 지식들이 하나님의 계시행위를 통해서만 가능하다고 가르친다. 베드로가 예수가 "그리스도이며, 살아계신 하나님의 아들"이라는 명제를 긍정할 때, 예수는 이 진리가 "하늘에 계신 내 아버지에 의해" 그에게 계시되었다고 밝힌다(「마태복음」, 16장 13-17절).

예수는 사람들에게 추론하고 반성하고 추구하도록 권고한다. 위에서 인용된 「마태복음」 구절 이후에 예수는 "수고하고 무거운 짐 진 자들아, 다 내게로 오라. 내가 너희를 쉬게 하리라"(「마태복음」, 11장 28절)고 말한다. 하나님의 계시에 대한 예수의 견해는 그가 그의 가르침과 성품을 정직하게 조사할 사람 모두를 초대하는 일을 배제하지 않았다. 계시에서 (그리고 일반 섭리에서) 하나님께 주도권이 있다는 예수의 견해는 이 계시의 진리를 인식하는 것과 관련해서 인간의 책임을 제거하거나 최소화하도록 하지 않았다.

예수와 오늘날의 종교인식론

오늘날 종교인식론자들이 예수의 인식론을 그들 인식론의 일차 자료로 여겨 그것에 호소하지는 않기 때문에—설령 그런 사람이 있다 해도 거의 없다—예수의 견해를 현대 종교인식론의 견해와 관련짓기 어렵다. 그럼에도 나는 몇 가지를 시사하는 언급을 감히 하고자 한다.

종교적 믿음의 인식론에서 지속되는 논쟁은 일반적 일신론과 기독교 유신론을 합리적으로 정당화하는 것과 관련된다. 다소 지나치게 단순화하자면, 별개의 두 접근방식이 이 영역을 지배한다. 리처드 스윈번의 접근과 앨빈 플랜팅가의 접근이다. 두 사람 모두 매우 존경받는 철학자들이다. 스윈번은 유신론에 대한 믿음이 논리적 정합성 때문에, 유신론의 개연성을 무신론의 개연성보다 높이는 여러 유신론적 귀납논증들의 성공 때문에 정당화되는 일련의 사례들을 제시한다. 그의 주장에 따르면, 기독교의 역사적 특정 주장들은 그것들을 옹호하는 누적 증거들에 주의 깊게 호소함으로써도 옹호될 수 있다.[13] 플랜팅가는 유신론적 논증들의 가치를 기각하지 않으면서도 기독교 유신론에 대한 믿음이 "정당하게 근본적"일 수 있으며, 보다 확실한 다른 믿음에 근거하지 않을 수 있다고 주장한다. 정당하게 근본적인 믿음은 어떤 조건하에서 자신을 보장한다.[14] 스윈번이 사용한 일련의 증거 추론들이 없어도 기독교를 합리적으로 주장할 수 있다. 플랜팅가의 주장에 따르면, 이 일련의 추론들은 전체적으로 개연성이 낮기 때문에 기독교 신앙에 "보장"(인식론적 배서)을 줄 수 없다.

예수의 인식론이 이 논쟁에 대해 말하는 것이 있는가? 창조주가 있다는 믿음은 예수에게 "정당하게 근본적인 믿음"처럼 보인다. 적어도 그가 유신론적 논증들을 제시하지 않았다는 의미에서 그러하다. 예수에게 유신론은 그가 세계와 문화를 해석하는 대단한 형이상학적 원리였다. 그럼에도 불구하고 복음서는 예수의 유신론을 신앙주의로 묘사하지 않는다. 예수는 하나님이 있다는 믿음을 이성적으로 정당화되지 않는 신앙으로 순수하게 도약함으로써나 신비경험에 근거해서만 옹호하지는 않았다. 예수의 유신론은 잘 통합된 세계관의 초석이었다. 그렇지만 예수는 무신론자나 회의주의자와 논쟁하기보다 유대 유신론자들과 논쟁했다. 그는 유신론 자체를 정당화하라는 압력을 결코 받지 않았다. 그러므로 예수가 유신론적 논증을 하지 않았다는 것은 (1) 좀 더 회의적인 다른 배경에서 유신론자들이 그렇게 할 필요가 있는가, 또는 (2) 이 논증들이 철학적으로 성공할 수 있을 것인가에 대한 물음들에 대답하지

---

13) 스윈번의 접근방법을 개괄하려면 그의 논문 "The Vocation of a Natural Theologian," in Kelly James Clark, ed. *Philosophers Who Believe*(Downers Grove, IL: InterVarsity Press, 1993), 179–202쪽 참조.
14) Alvin Plantinga, *Warranted Christian Belief*(New York: Oxford University Press, 2000).

않는다.

그렇지만 예수는 윤리적이고 신학적인 구체적 사안에 대해 논쟁할 때 그의 확신들을 옹호하는 증거를 인용했으며 논증들을 열거했다. 이 영역들에서 예수는 매우 종교적인 믿음들을 "정당하게 근본적인" 믿음이나 전제로 삼는 데 만족하지 않았다. 그것이 예수의 특정한 유신론 설명이 되었을 때 예수는 종교적 정당화라는 스윈번의 계획 노선에 따라 논증과 증거에 더 호소했다.

우리는 예수 시대 이후 이천 년이 지난 지금 기독교 신앙의 합리성을 철학적으로 옹호하는 과제가 기독교를 세운 예수에게 있는 인식론적 과제와는 매우 다르다는 사실을 기억해야 한다. 그럼에도 불구하고 이 두 지평을 모두 고려하면 일부 유익한 철학적 연구가 생긴다.

예수는 지식의 원천과 기준, 결과에 관한 확신이 가졌다. 우리가 아는 것은 사실들과 맞아야 하며 모순되지 않아야 한다. 지식은 비유와 같이 비추론적이고 상상력이 풍부한 가르침을 통해 올 수 있다. 우리의 성품이 지식을 방해하거나 늘릴 수 있다. 우리가 누구인지가 우리가 무엇을 아는지에 영향을 준다. 예수의 주장에 따르면, 예수가 전해주는 지식은 현세와 내세에서 인격 전체에 대해 눈에 띄는 결과를 낳는다.

Chapter 6

예수의 윤리

ON
JESUS

Chapter 6

예수는 사회혁명가도 아니었고 도덕철학을 가르치는 대학선생도 아니었다. 그는 세계적이고 지속적인 운동을 시작했지만, 그것 자체는 정치운동이나 사회운동이 아니었다. (물론 예수는 그러한 수많은 운동에 영감을 주었다.) 그 대신 예수는 하나님의 나라의 요구와 특권에 대해 그의 제자들을 일깨웠다. 많은 경우에 예수는 죽음 이후의 삶과 하나님에 대해 말했지만, 우리를 일상생활과 떼어놓는 형이상학적 이야기나 수수께끼를 말하는 현자가 아니었다.

예수는 하나님의 나라의 윤리를 선포했다. 그래서 그의 윤리적 가르침을 역사 속에서의 하나님의 통치라는 개념과 연결시키는 것이 적절하다. 우리는 예수가 하나님의 나라를 강조한 것을 논의한 후에 예수의 윤리를 덕과 의무론, 결과라는 기준의 철학적 범주들에 따라 말할 것이다. 우리는 예수가 확고한 내적 성향(덕)과 의무규칙에 대한 충성스러운 준수

(의무론), 도덕적으로 좋은 상태의 산출(결과)을 주장했음을 발견할 것이다. 세 측면 모두가 예수의 접근방법을 정당화하는 데 반드시 함께 사용되어야 한다.

하나님의 나라를 위한 윤리

예수는 하나님의 나라가 임박했고 지금 있다고 강조했다. 그는 (세례요한의 말을 반영하여) "회개하라 천국(하나님의 나라)이 가까이 왔느니라"(「마태복음」, 4장 17절)고 외침으로써 공적 가르침을 시작했다. 이 가르침은 윤리적 권고와 신학을 합친다. 회개하라는 예수의 명령은 전 인격이 예수와 하나님의 나라를 향하라고 촉구한다. 그것은 작은 도덕적 개혁이나 에티켓, 자기결단, 적극적 사고의 문제가 아니다.

그렇지만 하나님의 통치와 힘은 예수의 사역 동안 완전하게 나타나지 않는다. "이미, 그러나 아직은 아닌"이라는 긴장이 하나님의 나라에 있다.[1] 그러므로 예수는 제자들에게 "당신의 나라가 임하시오며 당신의 뜻이 이루어지이다"(「마태복음」, 6장 10절)는 기도를 하라고 가르친다. 마지막 심판에 들어온 존재의 미래 상태뿐 아니라(「마태복음」, 25장 31-46절) 하나님의 나라를 발견하는 사람들을 위한 미래의 잔치도 있다(「마태복음」, 22장 1-14절; 「누가복음」, 14장 15-24절). 예수의 윤리적 명령과 감수성은 하나님의 구속적 통치

---

1) Craig Blomberg, *Jesus and the Gospels*(Nashville: Broadman and Holman, 1997), 384.

의 이 현재적이고 미래적인 동력 안에서 표현된다.

하나님 나라의 덕들

예수는 사람들이 하나님과 다른 사람들, 피조물과 관련될 때 그들의 성품, 즉 내적 성향에 깊은 관심을 둔다. 예수는 많은 경우에 내적 동기와 믿음에 대해 이야기한 히브리 선지자들과 다르지 않다. 예수의 팔복 가르침은 예수가 "복되다고", 즉 객관적으로 좋고 옳고 하나님의 길에 따른다고 선언하는 태도들을 강조한다. "복된"은 우리가 생각하는 "행복"의 의미와 동의어가 아니다. 즉 쾌락이나 즐거움이라는 주관적 상태와 동의어가 아니다. 예수는 "애통하는 자"(『마태복음』, 5장 3절)가 복되듯이 "의를 위하여 박해를 받는"(『마태복음』, 5장 10절) 사람들이 그러하다고 말한다. 그러므로 단순한 행복보다는 좀 더 깊은 것이 고려된다.

예수는 복을 선언하면서 다음의 사람들에 관해 약속한다. (1) "심령이 가난한 사람들", 달리 말하자면 "겸손한 사람들", (2) 애통하는 사람들, 즉 하나님 앞에서 자신의 죄를 인정하는 사람들, (3) "온유한 사람들", 즉 겸손하게 하나님께 순종하는 사람들, (4) "의에 주리고 목마른 사람들", (5) "긍휼히 여기는 사람들", (6) "마음이 청결한 사람들", (7) "화평하게 하는 사람들", (8) 예수를 위해 선한 일을 하기에 핍박받는 사람들(『마태복음』, 5장 1-11절). 예수는 이 행위들과 태도들이 하나님 앞에서 그 자체로 선하다고 축복한다. 그런데 각 개인적 특성도 또 다른 유익과 관련된다. 가령 "온유한 자는 복이 있나니 그들이 땅을 기업으로 받을 것임이요." 역설적으로, 하나님 앞에서 온유함은 지상의 즐거움을 오랫동안 소유하는 데 이른다. 이와 같이 청결한 마음으로 복 받은 사람들은 "하나님을 볼 것이다."

예수의 덕 설명은 정말 신학적이고 목적론적이다. (하나님이 있지 않고 죽음 이후의 삶도 없고, 덕과 행복 사이에 관계도 없기 때문에) 우리가 말 그대로 "대가 없이 선해야" 한다고 말하는 이리스 머독과 같은 현대 덕 이론가들과는 달리,[2] 예수는 덕을 우주적이고 초자연적인 틀, 즉 "축복"의 틀 속에 놓는다. 이 성품은 객관적인 도덕적 성질(머독의 견해)을 보여줄 뿐 아니라, 하나님이 창조한 사람들과 세상에 적합하다. 예수의 덕 설명은 아리스토텔레스가 덕과 텔로스(목적, 우주적 목적)를 서로 연결한 것과 같다. 이 연결에서 적절한 행위가 인간의 번영에 이바지한다. 그런데 예수의 견해는 그것과 다르기도 하다. 아리스토텔레스의 철학은 도덕적 성품을 세우거나 알리거나 보상하는 데 있어서의 윤리적 역할을 제1운동자에게 주지 않았기 때문이다. 예수에게 하나님은 덕목의 본질과 경험에 있어서 핵심이 된다.

팔복 설교가 나온 산상수훈(山上垂訓)은 되풀이해서 "마음"에 집중한다. 산상수훈은 (정서적 중심에 그치지 않는) 인격의 가장 깊고 중심된 실재를 언급했다. 예수는 히브리 율법을 폐기하지 않지만, 그것을 근본적으로 개혁하며, 그것을 다소 불온한 방식으로 적용한다. 예수는 그분의 청중들에게 그들이 "살인하지 말라. 누구든지 살인하면 심판을 받게 되리라"고 배

---

2) Iris Murdoch, *The Sovereignty of the Good*(New York: Routledge and Kegan Paul, 1970).

웠음을 떠올린다. 그런데 그분은 이 가르침을 넘어서 서로에 대해 모욕적인 언어를 사용하는 사람들이 심판받을 것처럼 "형제에게 노하는 자마다 심판을 받게 될 것이라"고 말한다. 그러므로 우리는 종교 제사를 드리기 전에 다른 사람들과 화평해야만 한다(「마태복음」, 5장 21-24절). 예수는 모든 방식의 분노를 정죄하지 않지만, 복수와 악의 등과 같이 분노에 들어 있는 위험들을 정죄한다. 예수 자신은 성전에서 종교적인 이익 추구를 몰아내기 위해 채찍을 미안해하지 않고 사용했으며(「요한복음」, 2장 14-22절), 종교적인 위선에 대해 거칠게 말했다(「마태복음」, 23장). 예수는 간음을 저지르지 말라는 종교적 도덕법을 이미 알고 있는 사람들을 가르칠 때 "나는 너희에게 이르노니 음욕을 품고 여자를 보는 자마다 마음에 이미 간음하였느니라"는 말을 덧붙인다. 그러므로 우리는 그렇게 해로운 상상을 피하기 위해 철저한 행동을 취해야만 한다. 예수는 과장법을 사용해서, 죄를 짓게 하는 눈을 파내고 죄를 짓게 하는 손을 잘라내라고 말한다(「마태복음」, 5장 27-30절).

철학자 마이클 마틴이 "우리의 생각과 감정, 욕구를 통제하라는 예수의 강조가 기독교 윤리의 근대적 논의들에서 강조되지 않았으며 많은 경우 거의 제거되었다"[3]고 지적하는데, 이것은 옳은 지적이다. 그런데 그는 "예수의 명령이 악한 행위를 전혀 생각하지 말라는 명령으로 해석된다면, 그것은 우리의 상상을 방해하며 이를테면 예술과 문학에서 악을 생각하는 일을 금지한다고 주장한 셈이었다"고 주장하면서 이 비난

---

3) Michael Martin, *The Case Against Christianity*(Philadelphia: Temple University Press, 1990), 169.

들을 비현실적이고 현명하지 못하다고 여겨 거부한다. 마틴의 생각에 따르면, 그러한 생각은 실제로 악을 장려하기보다 억제한다.[4]

분노와 정욕을 금지하는 예수의 명령은 이 감정들을 허구적으로 묘사하는 것조차 금지하는 것으로 여겨지지 않아야만 한다. 예수의 비유는 선한 성품의 모델을 묘사하지 않고 악하거나 어리석은 사람들을 묘사한다. 도리어 예수의 가르침은 그분이 언급하시는 악들을 장려하거나 가치 있게 보거나 철저하게 행하는 내적 방침을 택하지 못하게 한다. 예컨대 『카라마조프 형제들』에 나오는 악인의 설명을 읽는다고 해서 예수의 명령을 위반하지는 않을 것이다. 우리가 상상을 실제로 행했느냐와 무관하게, 이 인물, 즉 밀턴의 루시퍼[5]를 흉내 내고 싶어 한다면 예수의 가르침을 위반할 것이다.

마틴은 그러한 분노나 음탕한 생각들이 해로운 결과들을 수반하는 행동에 이를 수 있다는 이유 때문에 예수의 금지가 정당화될 수 있는지를 검토한다. 그는 "성적 언어가 여성들에게 간접적으로 해를 가할 때"[6]와 같이 어떤 경우에 그러하다고 여긴다. 그런데 그는 예수의 기준을 너무 훌륭하지만 정당화되지 못한다고 여겨 폐기한다. 마틴은 예수가 "어떤 생각이나 감정이 그 결과와 무관하게 그 자체로 나쁘다고 당연히 믿

---

4) 같은 책, 170쪽.
5) 옮긴이 주 : 『실락원』 1편에서 최고의 천사로서 '빛의 아들'을 뜻하는 루시퍼는 하나님과 대등한 위치를 차지하고 싶어 한 무리의 천사들을 설득해서 하나님께 반란을 일으켰다가 지옥으로 쫓겨난다. 그는 "하늘에서 종노릇하는 것보다는 지옥에서 통치하는 것이 더 좋다"(267행)고 무리들을 선동한다.
6) Michael Martin, 같은 책, 170-171쪽.

었다"고 생각한다.[7] 마틴은 이것에 동의하지 않는다. 왜냐하면 그는 결과가 윤리학에서 결정적인 요소라고 여기기 때문이다. "감정과 욕구, 생각, 느낌은 그 자체로 좋거나 나쁜 것처럼 보이지 않는다."[8]

마틴은 행위의 지위를 인격의 성품보다 더 중요하게 계산하는 도덕적 가치평가의 공리주의적 기준을 지닌 것처럼 보인다. 공리주의는 많은 비판을 받는다. 그런데 그리스도인이든 아니든 많은 덕 이론가들이 행위를 낳는 것이든 낳지 않는 것이든 어떤 내적 상태를 내적으로 도덕적인 가치를 지니는 것으로 계산한다고 말하는 것으로 충분하다. 물론 많은 경우에 그 상태들은 행위를 낳아야 한다. 특정 종류의 인격이어야 하는 도덕적인 책임이 있다. 이것은 이것이 모든 경우에 외적 행동에 이르는 지와는 무관하다. 덕은 행위하려는 성향 이상이다. 덕은 우리가 그 자체로 좋은 존재의 어떤 내적인 상태나 방식을 얻고 유지해야 하는 책임을 지울 수 있기 때문이다.[9] 예수는 대부분의 현대 윤리학자들보다 더 강하게 주장하기는 하지만, 예수 혼자만 내적 상태의 도덕적 지위에 대해 그런 견해를 지니는 것은 아니다.

예수의 덕 견해를 구체적으로 설명하기 위해, 당신이 어떤 사람을 친구로 삼고 도덕적으로 좀 더 높게 평가할 것인지를 생각해보라. 윌리엄은 배려하고 존중하면서 행동하지만, 당신에 대해 너무 자주 심하게 화

---

7) 같은 책, 170쪽.

8) 같은 글.

9) Scott Rae, *Moral Choices*, 2nd ed. (Grand Rapids, MI: Zondervan Publishers, 2000), 99-100쪽. 공리주의를 반대하는 논증에 대해서는 Rae, 84-88쪽을 참조.

가 난다는 생각을 품는다. 물론 그는 그 생각을 결코 표현하지 않는다. 조지는 윌리엄과 같은 정도로 존중하고 사랑하면서 행동하지만, 당신에 관해 이 화가 난다는 생각을 하지 않는다. 만일 당신이 윌리엄보다 조지를 택할 것이라면, 예수의 기본 취지가 입증된다. 생각과 태도가 윤리적으로 중요하다.

로저 스크루턴은 성적 환상이란 사람들을 낮게 평가하기 때문에 도덕적으로 잘못이라고 주장한다. 정욕은 인격을 객관적으로 있는 타자로 여기지 않고, 우리의 임의적인 정신적 조작에 고분고분 따르는 이미지로 대체한다. "환상이 실재로 가는 길을 막는다." 완전히 우리 상상의 도구인 "환상의 타자"는 환상을 지닌 사람에게 단순한 대상이 된다. "환상주의자의 성적 세계는 타자가 그저 대상으로만 나타나는, 주체가 없는 세계이다."[10] 스크루턴의 주장에 따르면, 그렇게 환상하는 정신적 행위는 바로 병들고 존경할 가치가 없는 허구에 대해 행하는 것이다. 우리가 그것을 정신적 성폭력이라고 부를 수도 있다. (스크루턴은 환상주의자가 이 이미지에 사로잡히게 된다면 성폭력이 자연스러운 결과라고 생각한다.)[11] 그래서 그는 예수의 가르침에 해설을 붙인다. 이것은 덕과 무관하고 마틴의 공리주의적 접근과 대조되는 논점이다.

예수가 옹호하는 복된 삶의 방식에 겸손의 덕목도 있다. 온유한 사람들과 심령이 가난한 사람들, 애통하는 사람들이 복되다. 예수는 제자

---

10) Roger Scruton, *An Intelligent Person' s Guide to Philosophy*(New York: Penguin Press, 1998), 138.
11) 같은 책, 같은 글.

들이 누가 가장 큰 사람인지에 대해 자기들끼리 말다툼하고 있음을 발견할 때, 그들을 그분에게 불러놓고 말한다. "누구든지 첫째가 되고자 하면 뭇 사람의 끝이 되며 뭇 사람을 섬기는 자가 되어야 하리라"(「마가복음」, 9장 33~35절). 겸손한 사람은 자신을 다른 사람들과 비교하는 일로 말다툼하지 않고, 도리어 즐거움과 만족, 의미를 섬김에서 찾는다. 예수는 자신의 겸손과 관련지움으로써 겸손을 준다. "나는 마음이 온유하고 겸손하니 나의 멍에를 메고 내게 배우라. 그리하면 너희 마음이 쉼을 얻으리니"(「마태복음」, 11장 29절). 예수는 십자가에 달리기 직전에 제자들의 발을 씻김으로써 이 겸손을 보여주었다(「요한복음」, 13장 1~11절). 예수 당시의 그리스-로마 세계에서 겸손은 덕으로 여겨지지 않고, 악덕으로, 즉 약함과 실패의 표시로 여겨졌다. 니체가 기독교를 큰 소리로 비판할 때 비슷한 논지의 소리를 냈다. 겸손은 패배를 나타낸다. 그것은 회복할 수 없는 손실을 심리적으로 보상하는 것으로만 여겨진다. 실패한 사람들만 "온유한 사람이 땅을 유업으로 받을 것이라고" 믿는다. 아니, 땅이 온유한 사람들을 유업으로 받을 것이다.

이 주장에 반대해서 예수와 히브리 선지자들, 기독교 전통 전체는 하나님과 다른 사람들과의 관계에서 자신을 충실하고도 잘 맞게 평가하는 것을 겸손에서 발견한다. 그것은 자신의 재능이 이웃을 사랑하면서 섬기는 데 바쳐져야만 한다는 사실을 깨닫는 일과 하나님께 감사하는 일에 뿌리를 둔다(「마태복음」, 22장 37~40절). 예수가 하나님의 나라가 미래에 실현될 것이라고 가르침은 겸손의 가치도 강화시킨다. 결국 겸손이 보상받을 것이다. 겸손의 반대는 교만이라는 죄인데, 서구의 도덕전통에서 일곱 가지 치명적인 죄 가운데 하나이다. 예수께서 말했듯이, "누구든지 자기를 높이는 자는 낮아지고 누구든지 자기를 낮추는 자는 높아지리라"(「마태복음」, 23장 12절). 누가 가장 많이 사랑받을 것인가에 대해 제자들 사이에 대화가 있은 후에, 예수께서 다음과 같이 가르친다.

> 예수께서 불러다가 이르시되 이방인의 소위 집권자들이 그들을 임의로 주관하고 그 고관들이 그들에게 권세를 부리는 줄을 너희가 알거니와 너희 중에는 그렇지 않을지니 너희 중에 누구든지 크고자 하는 자는 너희를 섬기는 자가 되고 너희 중에 누구든지 으뜸이 되고자 하는 자는 모든 사람의 종이 되어야 하리라. 인자가 온 것은 섬김을 받으려 함이 아니라 도리어 섬기려 하고 자기 목숨을 많은 사람의 대속물로 주려 함이니라 (「마가복음」, 10장 42~45절).

용서는 예수의 덕의 윤리에서 강력한 역할을 하며, 겸손과 밀접하게 관련된다. 겸손한 사람은 악의를 품거나 모욕할 마음을 품지 않고, 용서할 것이다. 예수는 다른 사람들을 기꺼이 용서하려는 마음을 하나님께 용서받는 것과도 관련짓고(「마태복음」, 6장 14~15절), 용서를 구하는 모든 사람을 용서하라고 제자들에게 권한다(「누가복음」, 17장 3절). 우리는 우리가 다른 사람들을 용서하듯이 하나님이 우리를 용서하도록 구해야만 한다(「마태복음」, 6장 12절). 우리는 하나님과 다른 사람들로부터 용서를 받듯이, 이제 다른 사람들에게 용서를 주어야만 한다(「마태복음」, 18장 21~35절). 많은 대중적인 심리적 접근들과는 달리 예수는 자신의 정신적, 감정적, 신체적 건강을 위해 다른 사람들을 용서하라고 충고하지 않았다. (물론 그러한 유익이 있을 수 있다). 도리어 예수는 용서를 덕을 표현하는 윤리적 의무로 보았다. 하나님이 사람들을 용서한 것은 객관적인 사실이다. 우리의 용서는 이 객관적인 사실과 조화를 이루는 우리의 주관적 태도와 행위이다. 예수는 십자가에서 죽으면서 "아버지, 저 사람들을 용서하여 주십시오. 저 사람들은 자기네가 무슨 일을 하는지를 알지 못합니다"(「누가복음」, 23장 34절)고 기도하면서 용서의 모델을 보여주었다.

신적 의무: 의무론

우리는 예수의 가르침에서(나 성경 전체에서) 의무론과 덕을 쉽게 구분할 수 없다. 하나님의 성품은 우리의 행위에 대해서 만큼이나 우리 자신의 성품(태도와 성향)에 대해서도 관계가 있다. 예수가 보기에 하나님의 본성 때문에 하나님 앞에 덕스러워야 하는 의무가 우리에게 있다. "그러므로 하늘에 계신 너희 아버지의 온전하심과 같이 너희도 온전하라"(「마태복음」, 5장 48절). 더 나아가서 예수는 도덕적 의무를 지키지만 적합한 동기와 목표는 없는 외적 행위를 비판했다. 성전에 많은 돈을 바치는 일은 좋지만, 그런 일을 하는 사람에게는 두 렙돈, 곧 한 고드란트(kodrante)[12]만 바친 가

---

12) 옮긴이 주 : 렙돈은 당시 하루 품삯인 데나리온의 64분의 1이다. 당시 로마에서 고드란트는 로마의 최소 단위 청동 화폐이며, 한 번의 목욕료이었다. 오늘날 1,000원 정도의 금액이며, 여기서는 가장 적은 돈을 뜻한다.

난한 과부의 덕이 없었다(「마가복음」, 12장 41-44절).

예수의 윤리의 큰 명령은 하나님 사랑과 이웃(다른 사람들) 사랑이다. 우리의 의무가 이것에 있다. 이것은 구약성경에 계시된 도덕법 전체의 본질을 관통하며, 십계명의 구조와 일치한다. 십계명에서 첫 번째 네 계명들은 하나님과 관련되며, 나머지 여섯 계명들은 다른 사람과 관련된다(「출애굽기」, 20장 1-17절; 「신명기」, 6장 4절도 참조). 예수는 "선생님, 율법 중에서 어느 계명이 크니이까?"는 물음에 대해 다음과 같이 대답한다.

> 예수께서 이르시되 "네 마음을 다하고 목숨을 다하고 뜻을 다하여 주 너의 하나님을 사랑하라" 하셨으니 이것이 크고 첫째 되는 계명이요, 둘째도 그와 같으니 "네 이웃을 네 자신 같이 사랑하라" 하셨으니 이 두 계명이 온 율법과 선지자의 강령이니라(「마태복음」, 22장 37-40절).

예수는 하나님을 사랑받기에 족한 분으로 여긴다. 하나님이 피조물에 대해 일반적 관심을 보였기 때문이며(「마태복음」, 6장 25-30절), 하나님이 세상을 구원하기 위해 아들을 보냈기 때문이다(「요한복음」, 3장 16절). 이 사랑은 가장 내면의 존재, 즉 마음과 영혼, 정신에 영향을 주며, 외적 행위들에서 분출되어야만 한다. 이와 관련하여 예수는 열매 맺는 일에 대해 말한다. 나쁜 나무는 나쁜 열매를 맺으며, 다른 열매를 맺을 수 없다. 또 다른 한편 좋은 열매는 좋은 열매를 맺어야 한다(「마태복음」, 7장 16-18절).

예수는 "황금률"로 불리는 것을 또 하나의 폭넓고 긍정적인 윤리 원리로 제시한다. "무엇이든지 남에게 대접을 받고자 하는 대로 너희도 남을 대접하라. 이것이 율법이요, 선지자니라"(「마태복음」, 7장 12절). 이 명령은 우리 이웃을 우리 자신처럼 사랑하라는, 유대 율법에서 발견된 명령과 비슷하다(「레위기」, 19장 18절). 이와 비슷한 보편적인 원리를 소극적으로 표현한 것—당신은 다른 사람들이 당신에게 행하기를 원하지 않는 일을 그들에게 하지 말라—이 고대 문헌에 나타나지만, 예수의 표현은 신중하고 제한적이기보다 적극적이고 이타적이다. 그것은 방어적이기보다 공격적이다. 강한 의미의 동정과 공감이 이 명령에 전제되어 있다. 그것은 "우리가 가상으로 우리 자신을 다른 사람의 입장에 놓는데서 윤리적인 지침을 발견하는 반성적인 자비"[13]를 요구한다. 그것은 우리에게 충격을 주어 자기몰두에서 벗어나게 하며, 윤리적 의식의 지평을 넓힌다. 예수의 원리는 기계적인 공식이 아니다. 그것은 다른 사람들을 사랑하고 그들을 가치와 의미의 유일하고 환원될 수 없는 핵심으로 평가하라는 요구이다.

예수가 명령한 사랑은 특별한 것이나 다름없다. 예수는 우리의 원수를 사랑하고 그들을 위해 기도하라고 요구한다. 우리를 사랑하는 사람들을 사랑하는 것은 일상적이다. (물론 많은 경우에 우리는 그러한 일조차도 하지 못한다). 그런데 예수는 그 이상을 기대한다. 우리는 보복하는 대신 다른 사람에게 뺨을 돌려대어야만 한다. 너희에게 5리를 가라고 강요하는 사람들을 돕기를 꺼려하는 대신 10리를 가라(「마태복음」, 5장 38~48절).

---

13) Harold B. Kuhn, "Golden Rule," in Carl F. H. Henry, ed., *Baker's Dictionary of Christian Ethics*(Baker Book House Company, 1973), 267.

그리스도인들은 이 명령들이 절대적 평화주의를 요구하는지 그렇지 않으면 예수가 기본적으로 개인들 사이의 관계를 말하며 국가의 사안은 말하지 않는지에 대해 오래 논쟁했다. (사도 바울이 「로마서」, 13장 1-7절에서 주장하듯이) 어떤 경우에 국가에서 폭력이 질서유지를 위해 요구될 수 있다. 모든 사건에서 "화평케 하는 사람"이 되라는 요구는(「마태복음」, 5장 9절) 정말 철저하고 어려운 것이다. 예수의 비폭력 원리들은 마틴 루터 킹이 1960년대에 시민권 개혁을 위해 비폭력적 방법을 사용할 때 그에게 영감을 주었으며 그를 이끌었다. 예수도 제자들에게 사랑의 혁명적 책임들이 예수 자신의 영적 능력에 기댐으로써만 성취될 수 있다고 가르친다. 예수는 "참 포도나무"이며, 제자들에 나타나는, 윤리적이고 영적으로 좋은 열매들의 원천이다(「요한복음」, 15장 1-17절). 마틴 루터 킹이 그의 설교집 제목으로 붙였듯이, 이것은 우리가 "사랑할 능력"과 만나는 곳이다.[14]

예수는 이성애적이고 일부일처제적인 결혼과 자녀의 축복을 인간의 성을 완전히 표현하는 하나님의 본래의 규범 틀로 확인한다(「마태복음」, 19장 1-12절; 「마가복음」, 10장 1-16절; 「창세기」, 1-2장 참조). 이혼에 관한 예수의 견해들은 당대의 많은 사람들보다 좀 더 엄격한데, 남편이 여성을 좀 덜 거부하도록 만들었다. 그렇지만 예수는 독신을 일부 사람들을 위해 하나님에게서 온 선물로 평가하며, 그것을 저주로 여기지 않는다(「마태복음」, 19장 10-12절). 그 자신은 당대 대부분의 다른 랍비들과는 달리 결혼하지 않았다.

예수는 가족을 향한 사랑이 하나님을 향한 최고의 사랑과 비교될 때

---

14) Martin Luther King, Jr., *The Strength to Love*(New York: Harper & Row, 1963).

미움과 같아 보여야 한다는 취지로 (당대 랍비들 사이에서 일상적이었던) 과장법적 진술을 여럿 했다(「누가복음」, 14장 26절). 예수는 어떤 경우에 그의 근원(창조주)에 대한 충성이 가족 내에서 분열을 낳을 것이라고도 경고했다. 그 일이 하나님의 나라에 대한 충성에 이르렀을 때 그는 "어떠한 희생을 치루더라도 얻는 평화"를 옹호하지 않았다. 그는 화평케하는 사람들을 축복했지만, 그의 가르침의 진리에 대한 약속을 희생시키는 일을 옹호하지는 않았다(「마태복음」, 10장 32–39절).

예수는 물질적 소유와 돈에 관한 가르침을 회피하실 정도로 내세적이지는 않았다. 그는 이것에 대해 자주 일관되게 말했다. 예수의 비유 가운데 많은 비유들이 물질적 소유의 사용과 관련된다. 우리는 땅의 썩어질 소유를 모으기보다 하늘에 보화를 쌓아 두어야만 한다. 누구도 하나님과 돈을 모두 섬길 수는 없다(「마태복음」, 6장 19–24절). 예수는 이기심과 부정의, 영혼을 흐리게 하는 효과 때문에 부를 탐욕스럽게 쌓는 일에 대해 경고했다. "삼가 모든 탐심을 물리치라. 사람의 생명이 그 소유의 넉넉한 데 있지 아니하니라." 이어서 예수는 하나님을 신뢰하지 않고 부를 신뢰한 사람의 비유를 말했다. 그 사람은 하나님이 그 사람에게 생명을 요구했을 때 불균형한 우선순위들을 설명하라는 요구를 받았다(「누가복음」, 12장 13–21절; 「누가복음」, 16장 19–31절 참조). 예수의 통찰력 있는 질문이 자주 인용된다. "사람이 만일 온 천하를 얻고도 자기 목숨을 잃으면 무엇이 유익하리요?"(「마가복음」, 8장 36절) 예수는 하나님의 요구에 관해 부자 청년과 대화할 때 그를 보고 사랑하면서, 그에게 한 가지가 부족하다고 말했다. "가서 네게 있는 것을 다 팔아 가난한 자들에게 주라. 그리하면 하늘에서 보화가 네게 있으리라. 그리고 와서 나를 따르라"(『마가복음』, 10장 21절). 그 사람은 이의를 제기했으며 슬퍼하면서 떠났다. 그래서 예수는 부자가 하나님의 나라에 들어가는 것이 어렵다고 말했다. 그럼에도 "하나님으로서는 다 하실 수 있느니라"(『마가복음』, 10장 27절). 자신의 모든 소유를 가난한 사람에게 주는 것은 예수의 모든 제자에게 요구되는 보편적인 명령이 아니다. (그분은 그 명령 자체를 제시하지 않았다.) 도리어 그것은 예수의 제자가 예수를 따를 때 어떤 희생을 치르더라도 기꺼이 보여야 마땅한 태도를 설명한다.

예수는 가난한 사람들에 대해 특별한 관심을 보였다. 그분은 공생애 초기에 다음과 같이 말했다.

> 주의 성령이 내게 임하셨으니 이는 가난한 자에게 복음을 전하게 하시려고 내게 기름을 부으시고 나를 보내사 포로된 자에게 자유를, 눈먼 자에게 다시 보게 함을 전파하며 눌린 자를 자유롭게 하고 주의 은혜의 해를 전파하게 하려 하심이라 하였더라(『누가복음』, 4장 18-19절).

가난한 사람들에 대한 예수의 관심은 사회적 행위와 개혁의 중요성을 뒷받침한다. 하지만 예수의 방법은 로마의 통치를 폭력으로 뒤집고자 한 당대 열심당원들과 같은 정치 혁명의 방법이 아니었다. 우리 시대와는 달리 예수 시대에 대중 참여를 통한 정치 개혁은 거의 불가능했다. 예수는 정치적 능력을 지닌 인물이 됨으로써 사회적 부정의를 다루고자 하지는 않았다. 예수는 제자들이 그를 왕으로 삼고자 했을 때 거부했다 (『요한복음』, 6장 15절). 그렇지만 가난한 사람들을 향한 예수의 윤리는 역사를 통해 박애주의적이고 자애로운 위대한 행위의 동기가 되었다. 이것은 초기 교회의 활동에서 분명하게 드러난다(「사도행전」, 4장 32절; 「갈라디아서」, 2장 10절).

예수는 사람들이 "율법의 보다 중요한 사안"에 귀 기울이도록 했다. 그것은 정의와 자비, 신실인데, 우리가 우리 이웃을 어떻게 대하는가에 대해 사회적으로 분명한 함축을 지니는 도덕적인 사안이었다(「마태복음」, 23장 23절). 우리가 "가이사(황제)의 것은 가이사에게, 하나님의 것은 하나님께 바치라"(「마태복음」, 22장 21절)는 예수의 말은 로마 황제를 하나님 아래 두지만 무정부적인 함축을 띠지는 않는다. 예수의 제자들은 세금을 내어야 하지만, 정치 통치자들의 통치방식들과 겨루고자 하지 않는다(「누가복음」, 22장 25-27절). 예수는 헤롯의 살해 의도를 피해야 한다는 경고를 받았을 때 협박에 위축되지 않았다. "너희는 가서 저 여우에게 이르되 오늘과 내일은 내가 귀신을 쫓아내며 병을 고치다가 제삼일에는 완전하여지리라 하라"(「누가복음」, 13장 32절). 고대에 "여우"라는 용어는 반드시 교활하다는 뜻은 아니었다. 불충하고 중상하고 파렴치하다는 경멸의 의미들을 지녔음이 분명하다. 예수는 정치적 압력에 겁먹지 않았지만 폭력 혁명을 조장하지도 않았다는 것이 분명하다.

이스라엘의 법과 관련된 예수의 도덕의무 이해는 많은 논란의 대상이지만, 몇 마디 언급하는 것이 바람직하다. 첫째, 예수는 율법을 폐기하거나 비판하지 않으며, 그것을 권위 있게 여기서서 그것에 호소한다(「마태복음」, 5장 17-20절; 「요한복음」, 10장 35절). 많은 경우에 예수는 율법을 그의 논증의 일부로 인용한다. 그렇지만 예수는 율법의 통념적 해석들을, 특히 안식일에 관하여 그 해석들을 언제나 문제 삼는다. 예수는 인간적이고 율법주의적인 전통들을 덧붙임으로써 율법을 공허하게 만드는 종교체제를 비난한다. 예수와 제자들이 (먹기 전에 의식에 따라 손을 씻지 않았기 때문에) 왜 "장로들의 전통"을 따르지 않는지에 대해 율법 교사들과 바리새인들의 도전을 받았을 때, 그는 주제를 사소한 일에서 심오한 일로 바꾼다. 예수는 부모에게 돈을 드리는 것이 옳은데도 그들(율법 교사들과 바리새인들-옮긴이)이 종교적 목적 때문에 그 자녀들에게서 돈을 받는 관행을 밝힌다.[15] 십계명에 나오는 "네 부모를 공경하라"(「출애굽기」, 20장 12절)는 계명은 거짓 결의론[16]에 의해 위반되고 있었다. 이 결의론이 가족의 좀 더 깊은 책임들을 희생시킴으로써 종교제도에 유익을 준다(「마태복음」, 15장 1-9절). 예수가 이것을 단호하게 나무란다.

예수는 율법을 더럽히지 않는다. 도리어 예수는 율법의 요구와 취지를 깊게 하며, 변덕스러운 인간에 대한 하나님의 은총과 섭리에 대한 신앙에 근거하는, 율법 너머에 있는 인격적 변화를 지적한다. 위에 언급된 부자청년은 계명을 지켜야만 한다는 말은 들었지만, 그 율법으로 충분하지 않았다.[17] 그는 반드시 예수를 따라야만 한다. 이것은 그에게는 그

---

15) 옮긴이 주 : "누구든지 아버지나 어머니에게 말하기를 내가 드려 유익하게 할 것이 하나님께 드림이 되었다고 하기만 하면 그 부모를 공경할 것이 없다 하여 너희의 전통으로 하나님의 말씀을 폐하는도다"(「마태복음」, 15장 5-6절). 자녀가 부모에게 생활비나 용돈을 주지 않으면서 그 돈을 하나님께 헌금했기에 아무 문제가 없다고 주장할 때 그 자녀는 하나님의 말씀을 위반한다.

16) 옮긴이 주 : 결의론이란 일반적 원리 내지 원칙을 개별 상황에 적용한 결과로 생긴 규칙을 말한다. 일반적 원리는 절대적이고 불변할 수 있지만, 이 규칙은 상황의 변화에 따라 바뀔 수 있다. 그런데 이 규칙을 모든 상황에 보편적으로 적용되는 원리로 착각할 때 결의론의 문제인 율법주의가 생긴다.

17) Humphrey Carpenter, *Jesus*, in *Founders of Faith*(New York: Oxford University Press, 1986), 224–241; and Blomberg, 392–396.

의 소유를 팔아 가난한 사람들에게 주는 것을 뜻했다(「마가복음」, 10장 17–31절).
예수의 비유 가운데 하나는 자신의 부족을 하나님 앞에서 인정한 사람
들이 옳으며 자신의 선행 때문에 하나님 앞에서 옳다고 생각하는 사람
들이 그르다는 사실을 드러낸다.

> 또 자기를 의롭다고 믿고 다른 사람을 멸시하는 자들에게 이 비유로 말
> 씀하시되 "두 사람이 기도하러 성전에 올라가니 하나는 바리새인이요,
> 하나는 세리라. 바리새인은 서서 따로 기도하여 가로되 '하나님이여 나
> 는 다른 사람들, 곧 토색, 불의, 간음을 하는 자들과 같지 아니하고 이
> 세리와도 같지 아니함을 감사하나이다. 나는 이레에 두 번씩 금식하고
> 또 소득의 십일조를 드리나이다' 하고 세리는 멀리 서서 감히 눈을 들
> 어 하늘을 쳐다보지도 못하고 다만 가슴을 치며 가로되 '하나님이여 불
> 쌍히 여기옵소서. 나는 죄인이로소이다' 하였느니라. 내가 너희에게 이
> 르노니 이에 저 바리새인이 아니고 이 사람이 의롭다 하심을 받고 그의
> 집으로 내려갔느니라. 무릇 자기를 높이는 자는 낮아지고 자기를 낮추
> 는 자는 높아지리라 하시니라"(「누가복음」, 18장 9–14절).

예수는 네 번의 다른 만남들에서 그를 신뢰하는 사람들에게 다음과
같이 말함으로써 사람들에게 율법을 넘어서는 신앙을 명령한다. "네 믿
음이 너를 치료했다(또는 구원했다)"(「마가복음」, 5장 21–34절; 10장 46–52절; 「누가복음」, 7장 36–
50절; 17장 11–19절). 이것은 종교법에 대한 그들의 순종뿐 아니라 예수를 향
한 그들의 실존적 태도가 그들을 물리적이고 영적으로 회복시켰다는 뜻

이다. 불의한 종들의 비유는 신앙의 필요성을 논의한 후에 나오는데, 이 것도 단순한 의무로 불충분함을 지적한다(『누가복음』, 17장 7–10절). 예수와 함께 십자가에 달린 두 강도 가운데 한 사람이 보여준 존경과 신뢰의 태도는 예수로부터 이와 같은 반응을 보장했다. "내가 진실로 네게 이르노니 오늘 네가 나와 함께 낙원에 있으리라"(『누가복음』, 23장 32–43절). 예수는 하나님의 나라를 받아야 할 선물로 이야기하지만, 올바른 신앙을 갖고 찾아야 마땅한 선물로 이야기한다(『누가복음』, 12장 27–32절). 예수에 따르면, 파멸에서 벗어나서 영생으로 들어가는 것은 하나님의 독생자를 믿는 믿음을 통해 발견된다(『요한복음』, 3장 16–18절). 예수는 "우리가 어떻게 하여야 하나님의 일을 하오리이까?"는 질문을 받았을 때, "하나님께서 보내신 이를 믿는 것이 하나님의 일이니라"(『요한복음』, 6장 29절)고 대답했다.

결과들

예수는 공리주의자가 아니었다. 예수는 기쁨의 경험을 도덕적인 가치기준으로 삼지 않았으며, 이 상태들의 최대화를 윤리적 이상으로 여기지 않았다. 도리어 하나님의 사랑과 하나님에 대한 믿음, 행복한 삶, 타인에 대한 명백하고도 특별한 사랑이 예수의 윤리사상의 부동의 기둥들이었다. 이것은 따라야만 하는 의무와 보여야만 하는 덕이 있다는 뜻이었다. 그럼에도 예수는 윤리학의 결과적인 차원을 무시하지 않았다. 의무가 있고 덕이 있고 신실한 사람들은 도덕적으로 좋은 사태를 가능한 한 많이 낳아야 한다.

예수는 내적 상태들을 그 자체로 좋거나 나쁘다고 간주하지만, 내적 상태를 외적 행동의 동력으로도 본다. "선한 사람은 마음에 쌓은 선에서 선을 내고 악한 자는 그 쌓은 악에서 악을 내나니 이는 마음에 가득한 것을 입으로 말함이니라"(「누가복음」, 6장 45절). 예수는 양과 염소의 비유에서 짓밟힌 사람들을 도운 자들을 그를 진정으로 섬긴 사람들이라고 칭찬한다. 예수는 짓밟힌 자들을, 무시한 사람들을 그들이 실제로 그를 무시하고 있다고 주장함으로써 그들을 비난한다(「마태복음」, 25장 31~46절). 그분은 우리의 궁극적인 헌신의 결과들을 강조한다. 예수가 말하기를, "너희가 열매를 많이 맺어 내 제자인 것을 나타내면 이것으로 내 아버지께서는 영광을 받으신다"[18](「요한복음」, 15장 8절). 또 다른 한편 예수는 다른 사람들에게 감동을 주기 위해 선한 행위들을 거짓으로 과시하지 말라고 제자들에게 경고한다. 기도와 금식, 자선을 하나님 앞에서 은밀하게 행해야만 하며, 다른 사람들의 동의를 끌어내려는 목적으로 행해서는 안된다.

예수는 제자들에게 그들의 주변과 심지어 전 세계에 그의 메시지를 가지고 가서 제자들을 얻으라고 가르친다(「마태복음」, 28장 18~20절; 「사도행전」, 1장 1~ 11절). 덕과 의무에 관한 예수의 예와 가르침을 본다면, 그러한 행위들은 속임수나 강제나 조작을 포함하지 않아야만 한다. 예수의 길을 받아들이고 더 큰 세계와 고립된 채 그것을 맛보는 것만으로 충분하지 않다.

---

18) 옮긴이 주 : 한글개역개정은 "너희가 열매를 많이 맺으면 내 아버지께서 영광을 받으실 것이요, 너희는 내 제자가 되리라"이다. 한글개역개정은 열매를 많이 맺으면 예수의 제자가 되는 것으로 묘사하며, 영어본은 열매를 많이 맺는 일 자체가 제자가 되는 일로 묘사한다. 이 책에서는 저자의 의도를 고려하여 영어본을 한글로 옮긴다.

이웃사랑과 원수사랑은 예수의 제자들로 하여금 그의 메시지를 전하고 그 메시지에 따라 살도록 이끈다. 예수에게 사랑은 그를 따르는 결과로서 관찰될 수 있는 것이다. "너희가 서로 사랑하면, 이로써 모든 사람이 너희가 내 제자인 줄 알리라"(「요한복음」, 13장 35절).

예수의 윤리는 너무 제한되었는가?

일부 사람들은 예수의 가르침이 오늘날과 관련될 정도로 충분히 포괄적이거나 분명하지는 않았다는 이의를 제기한다. 그런데 기독교 전통은 기독교 윤리를 예수의 가르침에 국한하지 않았다. 그 전통은 나머지 신약성경들뿐 아니라 예수가 존중한 구약성경도 포함한다. 우리는 예수의 원리들과 인격적인 모범이 윤리적인 삶의 모든 범주에 적용될 수 있다고 주장한다. 물론 그것들은 모든 가능한 상황에 대한 구체적인 규칙을 주지는 않는다. 그렇지만 구체적인 규칙들이 이렇게 없는 것은 우연이 아니다. 예수는 그 시대의 일부 종교지도자들의 지나치게 자세한 상황판단—율법주의—을 거부했다. 양보할 수 없고 모든 도덕적 실천과 결정에 언제나 적용할 수 있는 것은 우리를 향한 하나님의 사랑과, 하나님과 다른 사람들을 향한 우리의 사랑이다.

마틴은 예수가 노예제도를 정죄하지 않았다는 지적을 한다. 마틴은 노예제도를 정죄하지 않은 것을 저주로 여긴다.[19] 우리는 노예제도를 구체적으로 고발하는 것을 복음서에서 발견할 수 없다. 그 시기 세계의 어떤 다른 문헌에서도 그러하다. 그런데 비난을 빠뜨렸다고 해서 어떤 제도의 지속적이고 초문화적인 정당성을 인정하는 것은 아니다. 복음서는 예수를 일차적으로 부당한 권위에 직접 도전하는 사회개혁가로 그리지 않는다. 그것보다는 그의 선교에 좀 더 초점이 있었다. 그렇지만 예수의 제자들이 권위를 다른 것들보다 주인으로 삼아서는 안 되며 그 대신 종됨과 겸손을 자랑하라는 그의 교훈은 노예제도와 결국 양립할 수 없는 윤리를 가동시킨다(「마가복음」, 9장 35절). 사도 바울은 노예상인들이 죄가 있으며 하나님의 율법의 저주 아래 있다고 여길 때 이 점을 본다(「디모데전서」, 1장 9-11절).

이와 마찬가지로 예수는 낙태에 관해 직접 말하지 않는다. 물론 그분은 어린이를 매우 존중하며 임신 여성들이 큰 위험에 있을 때를 동정하면서 경고한다(「마태복음」, 24장 15-20절). 그렇지만 낙태의 관행은 유대 율법과 관습에서 모두 정죄되었다. 『디다케』로 불리는 1세기 기독교 문서가 낙태와 유아살해를 정죄했다. "너희는 낙태를 통해 아이를 살해해서는 안 되며, 아이가 태어났을 때 그를 죽여서도 안 된다." 로마제국에서 초기 그리스도인들은 낙태에 반대했을 뿐 아니라, 위험에 노출된 유아들을, 흔히 여자아기들을 구해서 확실한 위험에서 벗어나도록 했다.[20]

예수의 세계관과 선교는 윤리적인 물음들의 분석보다 훨씬 더 넓었다. 그렇지만 예수는 강한 도덕적 신념들을 지녔으며, 그것들을 열정적

---

19) Michael Martin, *The Case Against Christianity*, 168.

20) Michael J. Gorman, *Abortion and the Early Church*(Eugene, OR: Wipf and Stock Publishers, 1998).

으로 자주 전달했다. 예수는 사람들에게 하나님과 이웃을 섬기면서 행해지는 외면적 행위들과 내면의 덕들, 객관적 의무들이 입증하는 포괄적인 사랑의 삶을 권했다. 그렇지만 예수는 도덕을 종교 자체로 만들지는 않았다. 우리는 칸트가 그러한 일을 했다고 주장할 수 있다. 도리어 예수에게서 도덕적인 삶은 하나님의 충성스럽고 정의로운 원리들과 명령에 대해 올바로 반응하는 것이다.

✠

ON JESUS

✠

Chapter 7

예수의 여성관

ON
JESUS

Chapter 7

세계종교들은 성차별과 가부장제도, 여성혐오의 패턴을 허용할 뿐 아니라 지속적으로 뿌리내리게 했다는 비난을 받아왔다. 이 종교들이 바뀌어야 하거나, 남녀가 권리와 능력, 잠재력에서 평등하다고 믿는 모든 사람들이 이 종교들을 버려야 하는 것 같다. 일부 사람들은 기독교가 여성을 천하게 여기고 과소평가하고 남성들에게 권력과 위신, 영향에 있어서 우위를 주는 남성종교라고 비난한다. 그런데 기독교의 창시자는 여성에 관해 무엇을 가르쳤는가?

여성의 존엄성과 예수

예수 당시의 고대 시대라는 맥락에서 여성들은 사회적으로나 문화적으로 영향을 거의 끼치지 못했다. 그들의 역할은 일반적으로 가정생활에만 제한되어 있었다. 가정과 가족에서 그들은 아버지나 남편과 별도로 돈이나 소유물을 약간 관리했다. 유대인 남성은 매일 세 번의 기도를 하곤 했는데, 그 가운데 하나의 기도는 하나님께서 그를 여성으로 만들지 않으셨음에 대해 감사했다. 물론 이와 같은 것은 히브리 성경에 담겨 있지 않다. 히브리 성경은 가부장적 문화 안에서 가부장적 문화를 위해 기록되었지만, 여러 여성을 존경받을 만한 지도자로 제시한다. 특히 선지자였으며 이스라엘을 다스렸던 드보라(사사기 4-5장)가 있다. 미리암과 훌다, 에스더와 같은 여성들도 중요한 역할을 한다. 고대 유대교에서 일부 여성들이 리더십과 존경을 누릴 일부 기회를 즐겼지만, 이것은 규칙이기보다 예외였다.[1] 이런 문화적 맥락에서 예수가 여성을 존중하면서 본 것은 이례적이었으며, 어떤 경우에 그를 둘러싼 사람들에게는 스캔들이기까지 했다.

많은 경우에 신약성경이 성차별적이고 가부장적이라는 공격을 받지만, 다른 고대문헌들에 비해서는 훨씬 그렇지 않다. 영지주의를 생각해 보라. 엘렌 페이글스가 영지주의자들을 신약성경의 저자들보다 여성을 더 존중한 원조 페미니스트들로 옹호한다.[2] 이 결론은 매우 사변적이며, 드문드문 존재하는 증거와 선별적 인용에 근거를 두는 것 같다.[3] 영

---

1) David Scholer, "Women" in *Dictionary of Jesus and the Gospels*, ed. Joel B. Green, Scot McKnight, I. Howard Marshall(Downers Grove, IL: InterVarsity Press, 1992), 880-881.

2) Elaine Pagels, *The Gnostic Gospels*(New York: Random House, 1979), 48-69.

3) Kathleen McVey, "Gnosticism, Feminism and Elaine Pagels," *Theology Today*, January 1981, 498-501.

지주의적 『도마복음』의 마지막 말이 여성에 대한 경멸을 표현한다.

> 시몬 베드로가 그들에게 말했다. "마리아가 우리를 떠나도록 하라. 여
> 성들은 살 가치도 없기 때문이다." 예수께서 말씀하셨다. "나 자신은 그
> 녀를 남성으로 만들기 위해 그녀를 이끌어서 그녀도 너희 남성들을 닮
> 은 살아 있는 영이 될 수 있도록 할 것이다. 자신을 여성으로 만들 여성
> 은 모두 하늘나라에 들어갈 것이다."[4]

영적 성전환은 예수의 나라를 위해 요구되지 않는다. 필립 젠킨스의 주
석이 적절하다. "여성들이 영지주의 텍스트에서 매우 중요한 역할을 하
지만, 전체적으로 볼 때 그 종교체계는 여성에 대해 좋은 말을 하지 않
았다."[5] 여성들은 이원론자 영지주의자들이 몹시 싫어한 물리적 출산과
밀접하게 관련되기 때문에 낮게 평가되었다.

　전형적으로 예수 당시의 남성들은 여성들의 매력적 행태가 (전부는 아닐지
라도) 대부분 성적 죄에 대해 책임 있다고 여겼다.[6] 예수는 결코 그렇게
하지 않으셨다. 예수는 음란한 행위를 용서하지 않았지만, 성적 욕망을
남성의 개인적 책임이라고 판단했다. "음욕을 품고 여자를 보는 자마다
마음에 이미 간음하였느니라"(「마태복음」, 5장 28절). 그리고 예수는 이혼에 대

---

4) Gospel of Thomas, 어록 114쪽.

5) Philip Jenkins, Hidden Gospels: How the Search for Jesus Lost Its Way(New York: Oxford University
Press, 2001), 211.

6) David Scholer, Dictionary of Jesus and the Gospels, 880.

한 제한규정들을 더 강화해서, 남성들이 하찮은 이유들로 아내와 이혼하는 것을 허용하지 않았다(「마태복음」, 5장 31-32절, 19장 1-12절). 그러한 이혼은 가부장적인 배경에서 여성에게 상처를 줄 수 있고 여성을 내쫓을 일이다. 여성만 남편에 대해 간음을 저지를 수 있다는 것이 당시 여론이었지만, 예수는 남편이 아내에 대해 간음을 저지를 수 있다고 주장했다. 간음은 여성과 남성 모두에 해당되는 죄였다.

예수는 회개한 창녀들이 하나님의 나라에 들어갈 것이라고 종교적 주류에게 주장함으로써 듣는 사람들을 놀라게 하셨다.

> 내가 진실로 너희에게 이르노니 세리들과 창녀들이 너희보다 먼저 하나님의 나라에 들어가리라. 요한이 의의 길을 보여주기 위해 너희에게 왔거늘 너희는 그를 믿지 아니하였으되 세리와 창녀는 믿었으며 너희는 이것을 보고도 끝내 뉘우쳐 믿지 아니하였도다(「마태복음」, 21장 31-32절).

예수는 가장 멸시받은 두 부류의 사람을 확인했으며, 그들이 회개와 믿음 덕분에 하나님의 나라의 상속자들이 될 것이라고 주장했다. 여성들 중 가장 멸시받은 여성인 창녀가 예수의 칭찬을 여러 번 받았다. 이것은 그들의 삶의 방식 때문이 아니라 그들이 예수를 통한 하나님의 메시지에 대해 보인 반응 때문이었다. 그들은 이 훌륭한 분에게서 희망을 발견했다.

"죄인"으로 불렸던 한 여성은 (심각하고 수치스러운 성적 죄를 지은 사람인데) 예수의 발에 향유를 붓고 그 발에 입 맞추면서 울었다. 이 일은 바리새인 시몬의 집에서 일어났다. 예수는 그녀의 행동이 그녀의 감사와 사랑을 보여준다고 여겨 받아들였으며, 그녀의 많은 죄가 용서되었다고 선언했다. "네 믿음이 너를 구원하였으니 평안히 가라"(「누가복음」, 7장 50절).

예수는 여성들의 다양한 질병들을 고쳐줌으로써 여성에 대한 동정심을 보여주었다. 예수는 그를 붙잡기 위해 군중을 뚫고 나온 여성이 그를 건드린 것에 대해 반대하지 않음으로써 사회적 종교적 관습들을 기꺼이 무시하려는 태도를 입증했다(「마태복음」, 9장 18절). 예수는 그녀에게서 12년 된 혈루병[7](「마태복음」, 9장 20절)[8]을 고쳐주었다. 이 병은 그녀를 제의적으로 "불결"하게 만들었으며, 따라서 「레위기」 법에 따라 접촉 불가능하게 만들었다. 예수는 18년 동안 다리를 절었던 또 다른 여성을 고친 후에 그녀를 "아브라함의 딸"이라고 불렀다. 이것은 존경과 칭찬을 보여주었다. 왜냐하면 아브라함은 유대인 신앙의 아버지였기 때문이다. "아브라함의 아들"은 일상적인 표현이었지만, "아브라함의 딸"은 그렇지 않았다. 그런데 예수는 그녀가 아브라함의 종교적 유산을 물려받을 권리를 지닌다고 확인해주었다. 예수는 여러 명의 다른 여성들도 고쳤는데, 그 가운데 베드로의 장모(「마태복음」, 8장 14-17절)와 야이로의 딸(「누가복음」, 8장 40-56절)이 있었다.

예수는 여성들을 그분의 많은 가르침의 훌륭한 사례들로 여겼다. 그분은 사람들이 자신들의 헌금을 성전 재물에 쌓는 것을 지켜보았을 때,

---

7) 옮긴이 주 : 부인병으로서 월경 외에 자궁출혈 또는 음부로 피를 흘리는 병을 말한다.
8) 옮긴이 주 : 원서에는 9장 18절로 되어 있으나 9장 20절이기에 이 책에서는 수정한다.

부자들이 많은 돈을 기부하는 것을 보았지만 한 가난한 과부에게서 가장 큰 감명을 받았다. "내가 진실로 너희에게 이르노니 이 가난한 과부는 헌금함에 넣는 모든 사람보다 많이 넣었도다"(「마가복음」, 12장 41–44절). 「누가복음」, 15장에서 예수는 하나님이 회개를 기뻐하시는 일에 관해 세 가지 비유를 말한다. 잃어버린 양을 찾는 선한 목자가 있고, 방탕한 아들을 다시 받아들이는 아버지가 있다. 예수는 또 이 비유도 말한다.

> 어떤 여자가 열 드라크마가 있는데 하나를 잃으면 등불을 켜고 집을 쓸며 찾아내기까지 부지런히 찾지 아니하겠느냐. 또 찾아낸즉 벗과 이웃을 불러 모으고 말하되 '나와 함께 즐기자. 잃은 드라크마를 찾아내었노라' 하리라. 내가 너희에게 이르노니 이와 같이 죄인 한 사람이 회개하면 하나님의 사자(천사)들 앞에 기쁨이 되느니라"(「누가복음」, 15장 8–10절).

또 다른 비유에서 예수는 부조리한 판사에게 자신의 소송에서 정의를 찾아달라고 탄원하는 과부의 끈덕짐을 칭찬한다(「누가복음」, 18장 1–8절). 밀라드 에릭슨은 "이 모든 예에서 예수는 한 여성이 하나님이나 의로운 개인의 활동을 사람이 할 수 있는 만큼이나 잘 나타낼 수 있음을 보여준다"고 설명한다.[9] 예수는 칭찬받을 만한 행위의 예들에서 성차별을 보여주지 않는다. 다른 비유들이 어리석은 남성들과 여성들에 대해 똑같

---

9) Millard Erickson, *The Word Made Flesh: An Incarnational Christology*(Grand Rapids, MI: Baker Book House, 1992), 582.

이 말한다(「마태복음」, 24장 40-41절; 「누가복음」, 17장 34-35절). 예수가 제자들에게 "우리 아버지"에게 기도하라고 말하지만(「마태복음」, 6장 9절), 위에서 논의된 가르침은—성경에 나타난 다른 가르침들과 더불어—그분이 하나님에 대해 은유적으로 말하고 있으며 남성에 대해 말하고 있지 않음을 증명한다.[10]

예수는 청중 가운데 한 사람이 영적으로 둔감함을 비난하면서, 마지막 심판 때 그들에게 불리한 두 명의 증인이 소환될 것이라고 말했다. 요나의 가르침을 듣고 회개한 사람들과 한 이방 여성이다. "심판 때에 남방 여왕이 일어나 이 세대 사람을 정죄하리니 이는 그가 솔로몬의 지혜로운 말을 들으려고 땅 끝에서 왔음이거니와 솔로몬보다 더 큰 이가 여기 있느니라"(「마태복음」, 12장 42절). 여기서 시바 여왕을 가리킨 것은 주목받을 만했다. 왜냐하면 그 당시 랍비들은 일반적으로 여성의 법적 증언을 받아들이지 않았기 때문이다. 그런데 예수는 그녀의 말이—남성 종교권위자들의 말과 반대되게—사물들의 최종안에서 결정적일 것이라고 내다보았다. "솔로몬보다 더 큰 이"인 예수는 남성적 종교 엘리트에 반대하여 그녀의 편을 든다. 이것은 그 당대에 들어보지 못한 말이었다.

예수는 가족관계들을 폐지하지 않았지만 여성들이 가정에서 어머니와 아내로만 존재해야 한다는 일상적인 생각을 인정하지 않았다. 예수가 악한 영들에 관해 교훈한 다음에 한 여성이 군중들로부터 나와 외쳤다. "당신을 낳아서 기른 당신의 어머니는 참 복이 있습니다."[11] 예수가

---

10) Rebecca Merrill Groothuis, *Good News for Women: A Biblical Picture of Gender Equality*(Grand Rapids, MI: Baker Books, 1997), 4장.

11) 옮긴이 주 : 한글개역개정은 "당신을 밴 태와 당신을 먹인 젖이 복이 있나이다"이다.

대답했다. "오히려 하나님의 말씀을 듣고 지키는 자가 복이 있느니라" (「누가복음」, 11장 27~28절). 예수는 어머니의 일이 여성들의 일차적이거나 최우선적인 목적이라는 생각을 강화하지 않고, 하나님의 말씀을 듣고 지키는 일에 더 큰 가치를 두었다. 이것은 여성들에게 교육받을 권리가 있음을 암묵적으로 인정하는 것인데, 이것은 유대인 집단들에서는 일상적으로 허용되지 않은 일이었다.

여성들과 신학적 교훈

예수는 여성들이 종교적 교훈을 받는 학생이 될 수 있다고 인정했다. 이것은 예수와 가까이 교제했던 마리아와 마르다 자매의 이야기에서 더 분명하게 드러난다. 마리아는 예수와 제자들을 집에 초대한 후에 예수의 발 앞에 앉아 그의 가르침을 들었다. 마르다는 모든 자잘한 접대 때문에 마음이 분주하여서 예수에게 말했다. "주여, 내 동생이 나 혼자 일하게 두는 것을 생각하지 아니하시나이까? 그를 명하사 나를 도와주라 하소서." 예수가 대답했다. "마르다야, 마르다야! 네가 많은 일로 염려하고 근심하나 몇 가지만 하든지 혹은 한 가지만이라도 족하니라. 마리아는 이 좋은 편을 택하였으니 빼앗기지 아니하리라"(「누가복음」, 10장 38~42절). 예수는 마르다에게 너무 많은 활동을 하지 말라고 말하는 것 이상을 한다. 예수는 마리아에게 배울 권리가 있다고 인정하며, 이것이 여성의 전통적인 분야(가사에 열중하는 일)보다 더 중요하다고 말한다.

마르다의 형제 나사로의 죽음을 설명할 때, 예수가 그의 가르침을 듣지 않았다고 그 잘못을 지적했던 바로 그 여성(마르다 – 옮긴이)이 이제 예수에 관한 생생한 신학적인 교리를 긍정한다. 마르다는 삶과 죽음, 부활에 관해 예수와 논의할 때, 사도 베드로가 내놓은 고백(『마태복음』, 16장 16절)과 매우 비슷한 고백을 한다. 그녀는 "주는 그리스도시요, 세상에 오시는 하나님의 아들이신 줄 내가 믿나이다"(『요한복음』, 11장 27절)라고 말한다. 그래서 그녀는 복음서에서 메시아 신앙에 대한 가장 강력한 진술 가운데 하나를 하며, 그래서 예수에 관한 신학적 진실의 모델이 된다.

예수가 기꺼이 여성들과, 심지어 버림받은 여성들과 거리낌 없이 상호작용하려는 태도는 수가에 있는 야곱의 우물에서 사마리아 여성과 만나 길게 대화한 데서 잘 드러난다(『요한복음』, 4장 5–42절). 여행 때문에 지친 예수는 물을 길러 온 한 여성에게 마실 물을 자신에게 달라고 청한다. 그 여성은 예수가 유대인임을 알았기에 기겁했다. 유대인은 사마리아 사람과 아무 관계가 없었다. 유대인들에 따르면, 사마리아 사람들은 "불결"하며 유대인은 사마리아 사람이 건네주는 그릇을 만짐으로써 불결하게 될 것이다. 예수는 그 기회를 사용하여 그의 사명을 논의한다. "네가 만일 하나님의 선물과 또 네게 물 좀 달라 하는 이가 누구인 줄 알았더라면 네가 그에게 구하였을 것이요. 그가 생수를 네게 주었으리라." 그 여성은 이 말을 듣고 어리둥절해서, 예수가 물을 길을 수단을 갖고 있지 않았기에 어떻게 이 물을 주실 수 있는지 궁금해한다. 예수가 대답한다. "이 물을 마시는 자마다 다시 목마르려니와, 내가 주는 물을 마시는 자는 영원히 목마르지 아니하리니. 내가 주는 물은 그 속에서 영생하도록 솟아나는 샘물이 되리라."

그 여성은 예수에게 이 물을 달라고 요구한다. 그런데 예수는 그녀가 그녀의 남편을 불러서 다시 되돌아오라고 말한다. 그녀는 남편이 없다고 대답한다. 예수는 그녀에게 다섯 명의 남편이 있었으며 지금 그녀에게 있는 남편도 그녀의 남편이 아니라고 말한다. 그 여성은 이 낯선 유대인이 보여주는 지식에 놀랐음이 분명하다. 그래서 그녀는 예수가 선지자라고 말한다. 이어서 그녀는 "우리의 조상들은 이 산에서 예배하였는데, 당신들(유대인들)의 말은 예배할 곳이 예루살렘에 있다 하더이다"[12]라고 말한다. 이 말에 대해 예수는 신학적으로 설명하고 예언한다.

> 여자여, 내 말을 믿으라. 이 산에서도 말고 예루살렘에서도 말고 너희가 아버지께 예배할 때가 이르리라. (사마리아 사람인) 너희는 알지 못하는 것을 예배하고 우리(유대인)는 아는 것을 예배하노니 이는 구원이 유대인에게서 남이라. 아버지께 참되게 예배하는 자들은 영과 진리로 예배할 때가 오나니 곧 이때라. 아버지께서는 자기에게 이렇게 예배하는 자들을 찾으시느니라. 하나님은 영이시니 (하나님께) 예배하는 자가 영과 진리로 예배할지니라.

---

12) 옮긴이 주 : 이 책의 표현을 그대로 번역하면 "유대인들은 예배할 수 있는 유일한 장소는 예루살렘에 있다고 주장합니다"이다.

그 여성은 연발의 신학적 질문들로 응하면서 다음과 같이 고백한다. "메시야 곧 그리스도라 하는 이가 오실 줄을 내가 아노니 그가 오시면 모든 것을 우리에게 알려 주시리이다." 예수는 "네게 말하는 내가 그(메시아)라"고 말한다. 이것은 복음서에서 예수가 재판과 십자가형(「마태복음」, 26장 62-65절) 이전에 메시아임을 직접 주장한 유일한 경우이다. 예수는 사마리아 여인과 신학적인 대화를 하는 동안 그 이야기를 한다. 요한이 우리에게 "제자들이 (마을에서) 돌아와 예수가 여자와 말하는 것을 (보고) 이상히 여겼다(무척 놀랐다)"고 말하는 것은 놀라운 일이 아니다. 그 여성은 그녀의 마을에 가서 "(여러분,) 내가 행한 모든 일을 내게 말한 사람을 와서 보라. 이는 그리스도(메시아)가 아니냐?"고 외쳤다. 그녀의 호소에 따라 많은 사마리아 사람들이 예수에게 왔다. 그들은 이틀간 그들 가운데 머물러 달라고 예수를 설득했으며, 그 기간 동안 그들은 그의 가르침을 들었다. 많은 사람들이 신자가 되었다. 억압받은 성을 지니고 사회적으로 버림받은 사람이 예수에 관해 다른 사람들에게 말할 권한을 예수로부터 부여받았다. 예수는 남자에게 그 일을 하라고 요구하지 않았다. 예수가 여성과 신학적 논의를 하신 것은 주목받을 만했다. 왜냐하면 유대 남성들은 여성과 더불어 그런 것들을 논의하지 않았기 때문이다. 그렇지만 예수는 여성과 남성 모두를 하나님이 인류와 함께 걷는 길들에 관해 대화할 자격과 가치를 지닌 존재로 여겼다.

왜 여성 사도는 없는가?

여성에 관한 예수의 가르침과 행위를 이렇게 설명함에도 아직도 일부 사람들은 예수가 여성을 사도로 선택하지 않았기에 여성을 진짜로 인정하고 환영한 것은 아니라고 항의한다. 그래서 그들은 예수는 여성을 종교적 리더십을 지닐 가치가 없다고 여겼다 주장한다. 여러 고찰들은 예수가 여성들을 낮게 보았기에 여성들을 배제했다는 이 비난을 누그러뜨린다.

첫째, 예수 당시에 남성들은 우리가 상상할 수 없을 정도로 여성을 지배했으며 여성보다 윗자리를 차지했다. 사회는 국가와 종교, 가정의 영역에서 위계질서를 지녔다. 이러한 현실에 직면했을 때 예수는 겸손한 섬김이라는 덕을 자주 강조했다.

> 이방인의 임금들은 그들을 주관하며 그 집권자들은 은인이라 칭함을 받으나 너희는 그렇지 않을지니, 너희 중에 큰 자는 젊은 자와 같고, 다스리는 자는 섬기는 자와 같을지니라. 앉아서 먹는 자가 크냐? 섬기는 자가 크냐? 앉아서 먹는 자가 아니냐? 그러나 나는 섬기는 자로 너희 중에 있노라(「누가복음」, 22장 25-27절).

겸손과 섬김이라는 그렇게 철저한 패턴은 남성이 여성을 수탈하는 일을 허용하지 않을 것이다. 예수는 무방비 상태의 과부들을 착취하는 사람을 탄핵하는데, 이것은 이 반문화적 입장과 일치했다(「마태복음」, 12장 38-40절).

둘째, 복음서는 여성들이 예수의 가까운 제자들 가운데 있었다고 보고한다. 마르다와 마리아가 이미 언급되었다. 일군의 여성들—막달라 마리아와 요안나, 수산나, 그 밖의 여성들—이 예수의 말을 들었으며, 예수와 남성 제자들과 더불어 여행했다. "이들은 자기들의 소유로 그들(예수와 제자들)을 섬기더라"(『누가복음』, 8장 1-3절). 예수의 여성 제자들의 신실함은 예수 사역의 마지막 날들에 가장 두드러졌다. 예수를 따랐던 여성들은 대부분의 남성 제자들과는 달리 십자가 처형 때 그곳에 있었다(『마태복음』, 27장 55-56절). 예수의 장례를 적어도 두 명의 여성이, 막달라 마리아와 "다른 마리아"가 지켜보았다(『마태복음』, 27장 61절). 4복음서는 모두—막달라 마리아와 다른 마리아, 살로메를 포함하는—여성들이 빈 무덤을 발견하고서 처음에는 믿지 않았던 남성 제자들에게 예수의 부활을 증언한 첫 인물들이었다고 보고한다.[13]

셋째, 예수의 사역의 매우 가부장적인 배경을 고려한다면, 예수가 그의 내부 무리에서 여성과 함께 효과적으로 사역하는 것이 문화적으로 불가능하지는 않았더라도 실현가능성이 없었을 것이다. 데이비드 숄러가 말하듯이, "여성들 중 적어도 8명이 그 이름이 알려졌으며 많은 경우에 12제자들의 데이터보다 더 많은 데이터를 남기는데, 여성들이 예수 사역 동안 제자와 전도자로 포함되었다는 것은 주목할 만하고 중요하다."[14] 숄러는 초기의 유대인 사도들이 예루살렘 교회의 초기 이후에

---

13) 『마태복음』, 28장 1-8절; 『마가복음』, 16장 1-8절; 『누가복음』, 24장 1-1절; 『요한복음』, 20장 1-10절.
14) David Scholer, 같은 책, 886쪽.

는 더 이상 교회 리더십의 모델 역할을 하지 않았다는 사실에도 주목한다. 신실한 이방인들도 지도자가 될 수 있었다. 그리고 일부 배경에서 여성에 대한 몇몇 지역적 제약이 있었지만, 신약 시대에 여성들이 리더십을 발휘하면서 섬겼다는 증거가 있다.[15]

예수의 말과 행위에 비추어볼 때, 소설가이자 철학자인 도로티 세이어즈의 언급을 모두 인용할 가치가 있다.

> 아마도 여성들이 처음 요람에 있었고 마지막 십자가에 있었다는 사실은 놀랍지 않다. 여성들은 이 인자와 같은 분을 알지 못했으며, 다른 사람 중 그러한 분이 없었다. 예수는 그들을 괴롭히지 않았고 아첨하거나 달래거나 보호하지도 않은 선지자이자 선생이었다. 예수는 그들에 관해 농담하지 않았고, 그들을 "하나님, 우리를 도우소서!"나 "숙녀들이여, 하나님 그들에게 복을 주소서!"라고 외치는 여성들로 다루지 않았다. 예수는 꾸짖되 성내지 않았으며, 칭찬하되 생색내지 않았다. 예수는 그들의 질문과 논증을 진지하게 여겼다. 예수는 그들을 위한 영역을 계획하지 않았으며, 그들이 여성다워야 한다고 촉구하지도 않았고 여성이라는 이유로 그들을 희롱하지도 않았다. 예수는 갈아야 하는 도끼를 지니지 않았으며, 지켜야 하는 불편한 남성 체면도 지니지 않았다. 예수는 여성들을 보는 그대로 대했으며, 여성 앞에 있는 것을 전혀 꺼리지 않았

15) Linda Belleville, *Women Leaders and the Church: Three Crucial Questions*(Grand Rapids, MI: Baker Books, 2000), 39-69쪽과 R. M. Groothuis, 5-10장 참조.

다. 복음서에는 여성적인 외고집에서 신랄한 풍자를 빌려온 행위나 설교나 비유가 없다. 어느 누구도 여성의 본성에 관해 "농담하는" 것이 있다는 결론을 예수의 말과 행위로부터 추측해낼 수 없다.[16]

---

16) Dorothy L. Sayers, *Are Women Human?*(Grand Rapids, MI: Eerdmans, 1971), 47.

Chapter 8

"너희는 내가 누구라고 말하는가?"

ON
JESUS

Chapter 8

예수의 가르침의 진리나 합리성뿐 아니라 예수의 신분도 끊이지 않는 논쟁의 원인이 되어 왔다. 예수 자신이 이 논쟁을 수많은 방식으로 촉발시켰다. 칸트를 공부하는 학생은 인식론에서 칸트의 "코페르니쿠스적 전회"가 흄의 회의주의라는 도전을 다룰 수 있는 합리적인 방식인지를 물을 수 있다. 그런데 그는 칸트가 신인지 아니면 선지자나 신비가인지는 묻지 않을 것이다. 이것은 워즈워드 철학자 시리즈[1]에 실린 위대한 사상가들에 대해 거의 해당되는 이야기이다. 이것은 매우 중요한 사안이다. 자신이 자신의 신분을 "깨달은 자"(부처)라고 주장하는 시다르타 구마타마가 예외이다.[2]

---

1) 옮긴이 주 : 이 책은 주요 철학자들의 사상을 일목요연하게 소개하려는 워즈워드 철학자 시리즈로 기획된 책들 중 하나이다.

2) Bart Gruzalski, *On the Buddha*(Belmont, CA: Wadsworth/Thomson Learning, 2000) 참조.

우리가 이미 앞 장들에서 살펴본 것처럼, 예수가 불을 붙인 상당수의 논쟁은 예수의 신분이라는 물음을 직간접적으로 일으킨 진술들과 행동들에 집중되었다. 가이사랴 빌립보에서 예수는 제자들에게 사람들이 인자에 관해 무엇이라 말하느냐고 물었다. 그들은 "더러는 세례요한, 더러는 엘리야, 어떤 이는 예레미야나 선지자 중의 하나라 하나이다"고 대답했다. 예수는 "너희는 나를 누구라 하느냐"라고 대답을 재촉했다. 베드로는 "주는 그리스도시요, 살아 계신 하나님의 아들이시니이다"고 대답했다. 예수는 베드로를 칭찬하면서, 이 사실이 "혈육이 아니요, 하늘에 계신 내 아버지에 의해" 그에게 계시되었다고 주장한다. 이것은 예수가 이스라엘의 약속된 분, 메시아라는 고백이었다. 예수는 이 고백을 그가 선언한 운동이 계속 살아남는 데 매우 중요하다고 여겼다. "내가 네게 이르노니 너는 베드로라. 내가 이 반석 위에 내 교회를 세우리니 음부의 권세가 이기지 못하리라"(「마태복음」, 16장 13-18절).

어떻게 우리가 예수의 신분을 위의 이야기와 같은 이야기들에 비추어 평가하는지는 복음서에 대한 역사적인 평가에 크게 기댄다. 많은 학자들이 예수를 신적 메시아로 보는 전통적인 기독교의 견해를 해체했으며, 그들이 복음서에서 사실이라고 여기는 것에 근거를 두는 일군의 다양한 대안들을 재구성했다. 예수 세미나는 역사적 예수에 근거를 두는 내용을 복음서에서 거의 찾지 못하는데, 그 세미나가 보장하는 소수의 이야기는 함축되어 있는 격언들이 되며, 보다 신학적으로 관여되는 가르침이 아닌 경향이 있다. 내가 2장에서 이 논쟁의 일부를 중점적으로 다루었는데, 그곳에서 나는 복음서가 본질적으로 확실함을 옹호했다.

여기서 나는 예수의 신분에 대해 말해주는 복음서 자료들과 신약의 다른 글들을 제시할 것이다. 이어서 나는 복음서가 그리는 예수의 모습이 제기하는 소수의 철학적 물음들을 택할 것이다.

예수에 관한 예수의 생각

예수가 유신론자이었음이 분명하다. 그런데 예수의 믿음은 단순한 형이상학적 주장을 넘어섰다. 예수는 하나님에 대한 유일무이한 지식을 지니고 있다고 고백했다. 복음서에 나타난 많은 구절을 일반적으로 의문시하는 많은 사람들조차 참되다고 널리 인정하는 구절에서 예수가 다음과 같이 말한다.

> 내 아버지께서 모든 것을 내게 주셨으니 아버지 외에는 아들을 아는 자가 없고 아들과 또 아들의 소원대로 계시를 받는 자 외에는 아버지를 아는 자가 없느니라(「마태복음」, 11장 27절).

예수는 하나님이 "모든 것"을 그에게 주었다고 말한다. 구약성경에서 어떤 선지자나 제사장, 왕, 천사나 그 밖의 누구도 이런 주장을 하지 않았다. 예수는 그저 "어떤 아들"이 아니라 "그 아들"로서의 자신과 "그 아버지" 사이에 유일무이하고 배타적인 관계를 확증했다. 그는 아버지가 아들을 아는 지식을 아들이 아버지를 아는 지식과 같게 여기기도 한다. 이것은 신적 지식의 동등성을 함축한다. 그리고 예수는 아버지를 절대적이고 배타적으로 계시하는 분으로서 지니는 유일무이한 능력이, 그리고 아들을 통해 아버지의 계시를 받는 사람들과 아버지 사이의 중재자로서 지니는 유일무이한 능력이 자신에게 있다고 주장한다.

예수가 아들로서 아버지와 유일하게 맺는 관계에 관하여 한 진술이 「요한복음」에 나타난 많은 주장들과 매우 비슷하다. 특히 "주여, 주께서 어디로 가시는지 우리가 알지 못하거늘 그 길을 어찌 알겠사옵나이까"라는 도마의 질문에 대해 예수가 한 논란 많은 대답이 그러하다.

> 예수께서 이르시되 "내가 곧 길이요, 진리요, 생명이니 나로 말미암지 않고는 아버지께로 올 자가 없느니라. 너희가 나를 알았더라면 내 아버지도 알았으리로다. 이제부터는 너희가 그를 알았고 또 보았느니라"(「요한복음」, 14장 5-7절; 1장 18절도 참조).

「마태복음」, 11장 27절에서처럼 예수는 자신이 인간들과 아버지 하나님 사이의 유일무이하고 배타적인 중재자라고 주장하며, 자신이 인간들에게 하나님을 유일무이하고 배타적으로 계시해주는 분이라고 주장한다. 예수를 아는 것은 아버지도 아는 것이다. 예수를 알지 못하는 것은 아버지를 알지 못하는 것이다. 예수가 중재자로서 유일무이하게 하는 역할은 초기 기독교 운동에서 주목받고 선언된 초기 조항이었다. 예수가 죽은 직후 베드로가 똑같은 개념을 설교하며(「사도행전」, 4장 12절), 바울도 55년경에 젊은 목회자 디모데에게 보내는 첫 번째 편지(「디모데전서」 2장 5

절)에서 그 개념을 긍정한다.

예수가 하나님을 자신의 아버지로 이해한 것은 그것이 지니는 과격한 함축들 때문에 반대를 불러일으켰다. 예수는 "내 아버지께서 이제까지 (항상) 일하시니 나도 일한다"고 말했다. 달리 말하자면, 그의 일은 하나님의 일과 같다. 요한은 이런 까닭에 예수에 대한 종교적 반대가 그들이 그의 말을 "하나님을 자기의 친아버지라 하여 자기를 하나님과 동등으로 삼는다"는 뜻으로 해석했기 때문에 그를 죽이려는 노력을 배가시켰다고 우리에게 말해준다. 예수는 이 비난에 대해 길게 반응할 때 그가 자신을 하나님과 동등한 수준에 놓고 있다는 함축을 부정하지 않았다 (「요한복음」, 5장 17–47절).

복음서들은 예수의 삶에서 회개나 사죄, 통회를 언급하지 않는다. 그보다 이전의 선지자들이나 그보다 이후의 사도들과는 달리 예수는 개인적인 죄책감이나 수치감, 후회를 나타내지 않는다. 그래서 그와 하나님의 관계는 가로막는 것이 없고 순수하다. 그는 자신이 자신의 아버지를 언제나 기쁘게 한다고 주장한다(「요한복음」, 8장 29절). 그런데 그는 자기기만과/이나 자만 때문에 잘못을 인정하지 않는 과대망상증 환자나 병적으로 자기중심적인 사람으로 보이지 않는다.

예수가 하나님과 가깝다는 느낌은 그의 확신과 사명감, 권위로도 옮아간다. 그는 천상의 비망록이 없이 땅 위에 떠다니는 비인간적인 존재가 아니지만, 도덕적이거나 철학적이거나 신학적인 일에 관해 주저함이나 유보, 당혹감을 나타내는 말을 결코 사용하지 않는다. 그는 무조건 "너희 원수를 사랑하라"(「마태복음」, 5장 44절)와 같이 도전적인 도덕적 요구를 한다. 예수는 가령 "의에 주리고, 목마른 자는 복이 있나니 그들이 배부를 것임이요"(『마태복음』, 5장 6절)와 "너희가 네 말에 거하면 참으로 내 제자가되고 진리를 알지니 진리가 너희를 자유롭게 하리라"(『요한복음』, 8장 31~32절)와 같이 큰 약속들을 담대하게 한다. 그는 "천지는 없어질지언정 내 말은 없어지지 아니하리라!"(『마태복음』, 24장 35절)고 결연하게 단언한다. 그는 청중들의 마지막 운명이 그에 대한 반응에 달려 있다고 그들에게 경고하기까지 한다(『마가복음』, 8장 38절). 그에 따르면, 하나님의 나라가 가까이 와있으며 이스라엘 국가가 그의 메시지를 거부한다면 하나님 자신의 초청을 거부하는 것일 것이기 때문에 황폐하게 남겨질 것이다(『마태복음』, 23장 37~39절).[3] 예수는 사람들을 그의 대의에 헌신하도록 부르는데, 임시도 아니고 제한적이지도 않다.

누구든지 나를 따라오려거든 자기를 부인하고 자기 십자가를 지고 나를 따를 것이니라. 누구든지 제 목숨을 구원하고자 하면 잃을 것이요, 누구든지 나를 위하여 제 목숨을 잃으면 찾으리라(『마태복음』, 16장 24절).

예수가 느끼는 확신이 자신에 관한 주장에까지 확장되는데, 이 주장들은 참인 경우 심오한 결과들을 수반한다. 가버나움의 한 집에서 예수가 온 가족에게 가르치고 있었을 때 한 중풍병 환자가 지붕을 뚫고 아래

---

3) N. T. Wright, *The Challenge of Jesus: Discovering Who Jesus Was and Is*(Downers Grove, IL: InterVarsity Press, 1999), 48~52.

8장_ "너희는 내가 누구라고 말하는가?" 181

로 내리워져 집 가운데 놓였다. 예수는 이 사람에게 "작은 자(아들)야, 네 죄 사함을 받았느니라"고 말하며, 그래서 여러 율법교사(서기관)들이 "이 사람이 어찌 이렇게 말하는가? 신성 모독이로다! 오직 하나님 한 분 외에는 누가 능히 죄를 사하겠느냐?"고 생각하게 되었다. 예수가 다음과 같이 대답한다.

> "어찌하여 이것을 마음에 생각하느냐? (이) 중풍병자에게 "네 죄 사함을 받았느니라" 하는 말과 "일어나 네 상을 가지고 걸어가라" 하는 말 중에서 어느 것이 쉽겠느냐? 그러나 인자가 땅에서 죄를 사하는 권세가 있는 줄을 너희로 알게 하려 하노라 하시고 중풍병자에게 말씀하시되 "내가 네게 이르노니 일어나 네 상을 가지고 집으로 가라" 하셨다(「마가복음」, 2장 5-11절).

그 사람은 치유 받았으며, 예수는 청중이 내놓은 생각, 즉 하나님만 죄를 용서하실 수 있다는 생각을 반박하지 않았다. 그 대신 그는 죄를 용서하고 그래서 그의 치유능력을 하나님의 지위를 지닐 만한 그의 권위를 옹호하고 확인하는 것으로 제시했다. 나쁜 평판을 지닌 여성이 그의 발[4]에 기름을 부음[5]으로써 그에 대한 그녀의 헌신을 나타낸 후에도 마찬가지로 예수는 그 여성이 죄를 용서받았다고 선언했다. 보던 사람

---

4) 옮긴이 주 : 원서에서는 '머리에 부었다' (anointing his head with oil)라고 되어 있지만, 영어 성경 NIV 등을 포함한 한글 성경책에서는 '발에 부었다' 고 되어 있어 이를 옮긴이가 바로잡는다.

들은 "이가 누구이기에 죄도 사하는가?"고 궁금해했다. 예수는 그녀에게 "네 믿음이 너를 구원하였느니"라고 선언했다(「누가복음」7장 36-50절).

루이스는 죄를 용서할 수 있는 권위가 있다는 예수의 주장이 신학적으로 중요하다고 지적한다. 어떤 사람이 그에게 도둑질이나 무례함과 같은 잘못을 저지른 사람을 용서하는 것을 이해하는 일은 어렵지 않다. 그런데 우리는 "다른 사람들을 성나게 하고 다른 사람들의 돈을 훔친 당신을 용서한" 사람에 대해 무엇이라 생각할 것인가?

> 예수는 사람들에게 그들의 죄가 용서받았다고 말씀했으며, 그들의 죄가 분명히 해를 끼친 다른 모든 사람들과 의논하려고 기다리지도 않았다. 예수는 그가 주당사자인 것처럼, 즉 모든 위반사항에서 주로 침해받은 분처럼 주저 없이 행동했다. 이것은 예수가 정말 하나님인 경우에만 의미를 갖는다. 모든 죄에서 하나님의 법이 무너지며, 하나님의 사랑이 상처받는다. 만일 이 말들이 하나님이 아닌 사람의 입에서 나온다면 그 말들은 내가 역사에서 어떤 다른 인물도 따르지 못할 어리석음과 자만으로만 여길 수 있음을 함축할 것이다.[6]

---

5) 옮긴이 주 : 당시 팔레스타인 지방에서는 주인이 손님에게 존경의 뜻을 나타내기 위해 머리에 기름을 발라 주었다. 「누가복음」 7장에서 예수를 초대한 종교 지도자 바리새인은 손님 예수의 머리에 기름을 발라주기는커녕 발 씻을 물도 주지 않았다. 예수에게 손님 대접을 전혀 하지 않았다는 뜻이다. 그런데 죄를 지었던 여인은 예수를 손님으로 초청할 자격조차 없는데도 그곳에 와서 물 대신 그녀의 눈물로 예수의 발을 적시고 머리털로 그 발을 닦아 입 맞추었다. 그러고 나서 그녀는 예수의 발에 향기로운 기름을 부었다. 머리에 기름을 바르기만 해도 환대를 나타낼 수 있는데 그녀는 물로 씻겨야 할 예수의 발에 향기로운 기름을 부었다. 이를 통해 그녀는 예수에 대한 헌신과 존경을 표현했다.

6) C. S. Lewis, *Mere Christianity*(New York: MacMillan Publishing Company, 1996; orig. pub. 1943), 55.

안식일 준수에 관한 논쟁에서 예수는 "안식일이 사람을 위하여 있는 것이요, 사람이 안식일을 위하여 있는 것이 아니니"라는 결론을 내린다. 이어서 그는 "이러므로 인자는 안식일에도 주인이니라"고 덧붙인다 (「마가복음」, 2장 27-28절). 유대인들은 그들의 창조주가 안식일을 명령했으며 안식일이 거룩하게 되는 원리들을 내놓았다고 믿었다(「창세기」, 2장 1-3절; 「출애굽기」, 20장 8-11절). 그러므로 하나님만이 안식일의 주인이다. 그런데 예수는 안식일의 랍비적 해석자나 옹호자로서만이 아니라 안식일의 "주인"으로서 안식일에 대해 최종 판결을 내린다는 주장을 한다. 구약성경에서 어떤 선지자나 제사장, 왕, 평민, 천사도 "안식일의 주인"이라고 주장하지 않았다. 예수는 자신에게 신적 권위가 있음을 인정한다. 그는 종교에 관해 하나의 의견을 내놓는 데 그치지 않는다.

예수는 귀신들렸다는 비난을 받은 후 이를 부정하며, 그가 아버지에게 영광을 돌리고 그의 아버지가 그에게 영광을 돌린다고 주장하며, "너희 조상 아브라함은 나의 시대를 보게 될 것을 즐거워하다가 보고 기뻐하였느니라"고 주장한다. 이 메시아적 주장 이후에 예수의 반대자들은 "네가 아직 오십 세도 못 되었는데 아브라함을 보았느냐?"고 응수했다. 예수는 "내가 진실로 진실로 너희에게 이르노니 아브라함이 나기 전부터 내가 있느니라"고 대답했다. 그들이 이 말을 듣고 돌을 집어 예수에게 던졌으나 예수가 피했다(「요한복음」, 8장 48-59절). 그들이 예수에게 돌을 던지려 시도한 것은 불경에 대한 반응이었다(「레위기」, 24장 16절 참조). 그의 진술은 그가 수백 년 이전 아브라함 시대에 있었다는 주장만이 아니다. (그 경우 그는 "아브라함이 나기 전부터 내가 있었다"고 말했을 것이다.) 도리어 그것은 예수가 아브라함 당시에 하나님으로서 있었다는 주장이다. "나는 있다"는 구절은 하나님께서 모세에게 자신을 "나는 스스로 있는 자이다"(『출애굽기』, 3장 14절)고 계시한 것을 떠올린다. 그래서 예수의 청중들로부터 격렬한 반응이 있었다.

많은 사람들은 예수를 믿음으로써 그의 논란 많은 주장들과 극적 행동들에 반응했다. 일부 사람은 예수에게 예배까지 드렸다. 우리는 예수가 바다에서 폭풍을 잠재운 다음(『마태복음』, 14장 33절), 그리고 부활 이후에(『마태복음』, 28장 9, 17절) 제자들의 자발적인 예배를 받는 모습을 발견한다. 처음에 예수의 부활을 의심했던 제자 도마가 나중에 그의 앞에서 "나의 주님이시요, 나의 하나님이시니이다!"라고 고백했다(『요한복음』, 20장 28절). 예수는 이러한 경의의 행동들을 거부하지도 않았고 바로잡지도 않았다.

예수의 진술들을 평가하기

우리는 예수의 말과 행동이 보여주는 대로 예수가 유일무이한 신분과 권위를 느낀 것에 대한 언급들을 늘릴 수 있을 것이다.[7] 그런데 이 언급들은 복음서 기록이 예수를 그저 선지자나 치유자, 악령 퇴치자, 성경 교사, 철학자로만 제시하지 않는다는 사실을 증명하기에 충분하다—물론

---

7) Millard Erickson, *The Word Made Flesh: An Incarnational Christology*(Grand Rapids: Baker Books, 1992), 431–454쪽 참조.

그는 이 모든 것에 해당된다. 그런데 예수가 어마어마한 주장들을 했다면, 우리는 예수에 대해 어떻게 생각해야 하는가? 세 가지 대안만 있는 것 같다. 복음서 기록의 역사적 정확성을 받아들인다면, 예수는 (1) 그의 신분에 관해 의도적으로 다른 사람들(과 이후의 모든 운동)을 속였다. 이 경우 그는 거짓말쟁이였다. 그렇지 않으면 (2) 그는 자신이 하나님이 아니면서도 자신이 하나님이라고 생각해서 자기 자신을 속였다. 이 경우 그는 미치광이다. 그렇지 않으면 (3) 그는 그의 주장들과 그 주장들의 함축에 있어서 진실했다. 이 경우 예수는 하나님이었다. 이 논증은 루이스가 내놓은 (그런데 창안하지는 않은) 유명한 논증이며, 어떤 경우에 거짓말쟁이와 미치광이, 주님이라는 "삼자택일"로 불린다. 이것들은 예수의 신분을 나타내는 세 가지 선택지인데, 그 가운데 어느 것도 우리로 하여금 그가 그저 좋은 선생이나 도덕적 모범이나 선지자, 신비주의자임을 이성적으로 긍정하도록 하지는 못한다. 루이스가 논리적인 나사들을 좀 더 단단하게 조이려고 한다.

> 그저 사람인데 예수가 말씀한 종류의 것을 말한 사람이 있다면, 그는 위대한 도덕교사가 아닐 것이다. 그분은—자신이 데쳐진 달걀이라고 말하는 사람과 같은 수준에서—미치광이시거나, 그렇지 않으면 지옥의 악마일 것이다. 여러분은 반드시 선택해야 한다. 이 사람은 하나님의 아들이었고 아들이시거나, 그렇지 않으면 미친 사람이거나 그보다 더 나쁜 사람이다. 여러분은 바보라는 이유로 그의 입을 막고 그에게 침을 뱉고 그를 악마로 여겨 죽일 수 있다. 그렇지 않으면 여러분은 그의 발 앞

에 엎드려 그를 주님과 하나님으로 부를 수 있다. 그런데 그가 위대한 인간 스승이었다는 것에 관해 생색내는 허튼 말에 속지는 말자. 그는 그 가능성을 우리에게 열어두지 않았다. 그는 그렇게 의도하지 않았다.[8]

현대 분석철학자 스티븐 데이비스가 "예수가 미쳤는가, 나빴는가, 아니면 하나님이었는가?"에서 이 논증을 분석적으로 정확하게 발전시켰다. 나는 그의 꼼꼼한 논증을 여기서 정확하게 나타낼 수 없다. 그런데 나는 그것의 기본 구조를 통해 생각하는 일을 독자에게 맡긴다. 데이비스는 그의 논증이 성육신을 믿는 것이 합리적임을 입증한다고 주장한다.

1. 예수는 자신이 하나님이라고 명시적으로나 암묵적으로 주장했다.
2. 예수는 자신이 하나님이라고 주장한 점에서 옳거나 그르다.
3. 예수는 자신이 하나님이라고 주장한 점에서 그르다면, 미쳤거나 나빴다.
4. 예수는 나쁘지 않았다.
5. 예수는 미치지 않았다.
6. 그러므로 예수는 자신이 하나님이라고 주장한 점에서 그르지 않았다.
7. 그러므로 예수는 자신이 하나님이라고 주장한 점에서 옳았다.
8. 그러므로 예수는 하나님이다.[9]

---

8) C. S. Lewis, 같은 책, 56쪽.
9) Stephen T. Davis, "Was Jesus Mad, Bad, or God?" in Stephen T. Davis, Daniel Kendall, and Gerald O' Collins, eds., *The Incarnation*(Oxford University Press, 2002), 221-245.

하나님이신 동시에 인간이신 존재라는 개념(정통적 주장)이 논리적으로 모순이거나 무의미하다고 주장하는 사람들이 예수가 성육신하신 하나님이라는 데 대해 철학적으로 도전한다.[10] 만일 그 개념이 무의미하다면, 그것은 참이거나 거짓일 수 없다. 이것은 좀 더 약한 주장처럼 보인다. "예수가 하나님의 속성과 인간의 속성을 지녔다"는 진술은 "색깔 없는 녹색 관념들이 격렬하게 잠든다"는 진술처럼 무의미한 일련의 단어들로 읽히지 않기 때문이다. 전자의 주장은 놀랄 만하지만 이해될 수는 있다. 후자에는 가능한 의미나 지시체가 없다. 그런데 성육신 개념은 철학적으로 모순되지 않는가?

성육신이 무모순적임을 반대하는 주장은 하나님의 속성과 인간의 속성이 (또는 하나님의 본성과 인간의 본성이) 정반대이기 때문에 어떤 존재가 그 속성들(이나 그 본성들)을 모두 소유할 수는 없다는 것이다. 좀 더 지나치게 단순화하자면, 인간은 유한하고 하나님은 무한하다. 무한자는 유한자와 연합되어 하나의 존재가 될 수 없다. 그러므로 예수가 하나님인 동시에 인간이라는 생각은 거짓이다. 그것은 둥근 사각형처럼 모순된다.

『철학적 단편들』에서 쇠렌 키에르케고어와 같은 일부 기독교 사상가들은 성육신을 해결할 수 없는 역설로 받아들였다. 그는 그것을 "절대적 역설"이라고 불렀으며, 인간 이성에 거슬리지만 꼭 필요한 것이라고 불렀다. 우리는 열정적 신앙에 의해 그것을 고수한다. 그것이 타당하기

---

10) John Hick, *The Metaphor of God Incarnate: Christology in a Pluralistic Age*(Louisville, KY: Westminster/John Knox Press, 1993).

때문이 아니다. 여러 기독교철학자들과 신학자들이 좀 더 지적으로 마음에 드는 접근을 했다. 그들은 역설(이나 불합리)에 빠지는 대신, 예수를 하나님인 동시에 인간이라고 여기는 신비감을 지니면서도 외견상의 모순을 없애려 한다. 이 전략은 예수의 신적 속성들과 인간적 속성들이 한 인격에서 모순되지 않을 수 있는 방식들을 개념적으로 설명한다.

만일 성육신을 옹호하는 주장이 예수가 신적이기만 한 속성들과 인간적이기만 한 속성들을 소유한다는 뜻이라면, 그 주장은 모순되며 따라서 필연적으로 거짓이다. 한 대상이 완전하고도 유일하게 구인 동시에 완전하고도 유일하게 사각형일 수는 없다. 그런데 우리는 예수가 신적 속성들과 인간적 속성들을 모순되지 않게 조정한다고 주장할 수 있다. 고든 루이스와 브루스 데마레스트가 이것을 이런 식으로 표현한다.

> 소반대 관계에서는 긍정도 부정도 보편적이지 않다. 그래서 둘 다 참일 수 있다. …… "어떤 인간의 일부 속성이 물리적이다"와 "어떤 인간의 일부 속성이 비물리적이다"가 그 예이다. 이와 마찬가지로 "예수 그리스도라는 인격의 일부 속성이 신적이며 일부 속성이 인간적이다." 신적 속성들의 집합도, 인간적 속성들의 집합도 그(예수 - 옮긴이)에게 있는 모든 것이라고 이야기되지 않는다. 그래서 긍정이 반드시 거짓이지는 않다.[11]

---

11) Gordon Lewis and Bruce Demarest, *Integrative Theology*(Grand Rapids, MI: Zondervan, 1992), 2 : 350.

기독교 사상가들은 (『빌립보서』, 2장 5-11절에 나오는 사도 바울의 지도에 따라) 신적 속성들을 존재론적으로 잃지 않으면서도 성육신을 위해 신적 속성들을 일부 사용하는 것을 유보한 예수에 대해 기록했다. 마이클 조단은 그의 능력을 모두 사용하지 않은 채 일부 중학생들과 15점짜리 농구경기를 할 수 있을 것이다. 그는 어떤 이유로 체크 수비할 때 지녔던 능력들을 계속 지닐 것이다. 성육신이 논리적으로 모순된다는 비난을 진지하게 받아들이는, 일부 매우 복잡한 철학적이고 신학적인 관점들을 이 논쟁이 불러일으켰다고 말하는 것으로 충분하다.[12]

십자가형과 부활이라는 주장들

예수는 나사로를 살려내기 전 자신이 "부활이며 생명"이라고 단언한다(『요한복음』, 11장 25절). 예수는 그가 사역 마지막 무렵에 예루살렘에서 처형될 것을 예언하며, 그의 죽음이 단순한 순교자의 죽음이 아닐 것이라고 예언하며, 그가 "제3일에" 부활할 것이라고 예언한다(『마태복음』, 16장 21-22절; 20장 18-19절).

상대적으로 많은 분량의 복음서 설명이 십자가형에 이르는 예수의 삶의 마지막 날들을 언급한다. 예수는 하나님의 구속이라는 목적들을

---

12) 성육신의 형이상학에 관해서는 Erickson, 같은 책, 507-576쪽, Thomas Senor, "The Incarnation and the Trinity," in Michael J. Murray, ed. *Reason for the Hope Within*(Grand Rapids, Mi : Eerdmans, 1999), 238-253쪽을 보라.

이루기 위해 자신의 생명을 드리는 것에 대해 거듭 언급한다. 예수는 다른 사람들을 섬기는 일이 중요함을 강조한 후에 "인자가 온 것은 섬김을 받으려 함이 아니라 도리어 섬기려 하고 자기 목숨을 많은 사람의 대속물로 주려 함이니라"고 주장한다(「마태복음」, 20장 28절). 예수는 자신을 언급하면서 "나는 선한 목자라 나는 내 양을 알고 양도 나를 안다"고 말한다(「요한복음」, 10장 11절).

예수와 신약성경 저자들은 예수를 「이사야」의 고난 받는 종으로 본다. 그는 다른 사람들이 하나님의 평화를 알도록 다른 사람들의 잘못된 행위 때문에 처벌받는 흠 없는 분이다(「이사야」, 53장; 「마태복음」, 8장 17절; 「누가복음」, 22장 37절; 「베드로전서」, 2장 24절). 예수는 마지막 만찬에서 그의 죽음이 중요함을 강조한다. 이때 그는 빵을 그의 몸이라고, 잔을 "죄 사함을 얻게 하려고 많은 사람을 위하여 흘리는 나의 피, 곧 언약의 피니라"고 말한다. 그런데 예수는 그가 아버지의 나라에서 그의 제자들과 함께 다시 "포도나무에서 난 것"을 마실 것이라고 말했다(「마태복음」, 26장 26-29절). 그는 부활할 것이다.

일부 사람들은 예수의 부활을 논쟁 대상으로 여기며, 그의 삶과 가르침이 그를 세계에서 가장 지혜롭고 가장 좋은 사람들 중 하나로 모시기에 충분하다고 믿는다. 예수의 부활을 부정하거나 의심하는 사람들은 예수의 가르침 일부에서, 예수의 모델에서 유익을 얻을 수 있음이 분명하다. 그렇지만 복음서의 예수는 그의 운명과 신분을 부활에 걸었다. 예수 운동의 초기 기록(「사도행전」)은 그분의 제자들이 그들 지도자의 부활을 그들의 신앙과 공동체의 초석으로 선포했음을 보여준다. 「사도행전」에 나오는 모든 설교는 부활을 중심으로 하며, 부활이 없이는 무너진다. 사도 바울은 "그리스도께서 만일 다시 살아나지 못하셨으면 우리가 전파하는 것도 헛것이요, 또 너희 믿음도 헛것이다"(『고린도전서』, 15장 14절)고 말하는 데까지 나아갔다. 바울은 예수의 부활을 신자의 구원과 사후의 삶의 보증이자 요구로 이해했다. 그런데 그는 "이제 그리스도께서 죽은 자 가운데서 다시 살아나셨습니다"(『고린도전서』, 15장 20절)라고 확신했다.

일부 신자들이 예수의 부활과 관련하여 신앙주의를 택한다. 신앙주의에 따르면, 역사적인 뒷받침이나 증거의 뒷받침이 필요 없다. 신앙이 예수의 부활을 지지한다. 이 말로 충분하다. 그렇지만 부활은 오랜 세월 동안 왕성한 학문적인 토론을 낳았다. 이것은 잠잠해질 기미를 보이지 않는다. 오늘날 많은 학자들은 부활한 예수를 증언하는 수많은 증인들에 호소하는 바울의 지도를 받아 예수를 죽어 묻힌 분일뿐 아니라 살아 부활하신 분으로 평가하기에 좋은 근거가 있다고 믿는다. 증인들 가운데 일부는 바울이 50년 경 글을 쓸 때 아직 살아 있었다(『고린도전서』, 15장 3-8절). 나는 그 논쟁을 완전히 그려낼 수는 없지만, 몇 가지 항목이 눈에 띤다.

만일 우리가 형이상학적으로 자연주의를 전제한다면, 우리는 모든 기적을 선험적으로 전제할 것이다. 자연주의적 설명은 어떤 것이든 초자연적 설명보다 언제나 유리할 것이다. 초자연적인 것을 옹호하는 증거는 고려조차 되지 않을 것이다. 방법론적 자연주의자에 따르면, 기적은 일어날 수 있지만 역사가에게는 기적을 역사적이라고 생각할 보장이 없다.[13] 그런데 우리가 유신론자(나 불가지론자)이고 초자연적인 것을 옹호하는 역사적 증거의 가능성에 대해 열려 있다면, 예수의 부활이 하나의 가능성이 된다. 그러면 우리는 만사를 고려하여 사용가능한 증거를 반드시 참고하고 그것을 가장 잘 설명해야 한다.

적극적인 입장은 예수의 시공간적이고 육체적인 부활이 신약성경이 이 사실에 대해 하는 증언을 가장 잘 설명한다고 주장한다. 부활이 없다면 복음서와 나머지 신약성경들은 실재의 생생한 중심을, 즉 믿음과 소망, 사랑을 잃어버린다. 2장에서 논증했듯이, 신뢰할 수 있는 저자들이, 거짓들을, 특히 몸이 썩어가는 그들의 창립자의 부활과 같이 엄청난 거짓들을 조작하지 않았을 저자들이 복음서를 기록했다고 믿는 것이 합리적이다. 성찬(「고린도전서」, 11장 17-34절)과 세례(「로마서」, 6장 3-4절)라는 교회의 본질적이고 오래된 의식은 예수의 부활을 전제한다. 유대인 신자들도 부활을 기리기 위해 그들의 예배일을 토요일에서 일요일로 바꾸었다(「사도행전」, 20장 7절). 무덤 숭배가 예수 시대에 일상적이었지만, 예수의 무덤이 숭배 받았다는 증거가 우리에게 없다. 이를 가장 잘 설명하는 것은 무덤이 비었다는 것이다. 나중에 예수의 빈 무덤의 지점을 알아낸 전통이 발전했다. 이것은 이전의 무덤 숭배와 매우 다른 것이다.[14] 복음서는 여성들이 부활한 예수를 처음으로 본 증인이라고 보고한다. 여성들이 일반적으로 증인으로서 신뢰할 수 없다고 여겨졌기 때문에 이 점이 중요하다. 만일 저자가 부활 현상을 꾸며내려 했다면 그는 여성을 포함시키지 않았을 것이다. 이 설명들은 확실한 느낌을 준다. "역사적 예수에 대한 제

---

13) 2장에 나오는 기적에 관한 논의들을 참조하시오.

14) Jeff Sheler, *Is the Bible True?*(Grand Rapids, Zondervan, 1999), 225-226.

3의 연구"의 목소리를 이끄는 신약성경 학자 라이트는 기독교를 "부활운동"으로 논의할 때 이것을 이런 식으로 표현한다.

> 부활이 중심 믿음이 아닌 형태의 초기 기독교가 있다는 증거는 없다. 이전처럼 이 믿음이 기독교의 가장자리에 추가된 것도 아니었다. 그것은 전체 운동에 활력을 불어넣는 중심 추동력이다.[15]

현대철학자이자 성경학자인 윌리엄 레인 크레이그는 부활이 역사의 사실임에 관해 해박한 글을 썼으며, 부활을 부정하는 여러 학자들을 공개적으로 반박했다. 크레이그는 부활을 옹호하는 그의 논증들의 근거를 네 가지 사실에 두었다. 그가 생각하기에 그 사실들은 신약학자들의 넓은 스펙트럼 안에서 잘 입증된 것이다.

1. 예수가 십자가 처형 때문에 죽었으며, 아리마대 요셉에 의해 그의 무덤에 묻혔다.
2. 십자가형 다음 일요일에 예수의 무덤이 여성 제자들에 의해 빈 무덤으로 발견되었다.
3. 많은 경우에, 그리고 다양한 조건 아래 서로 다른 사람들이 예수가 부활하여 나타난 것을 경험했다.
4. 처음 제자들은 메시아(그리스도)가 죽었다가 부활하지는 않을 것이라고

---

15) N. T. Wright, 같은 책, 133쪽.

기대했지만 그럼에도 불구하고 예수가 부활했다고 믿었다.[16]

이어서 크레이그는 다른 가설들보다 부활이 이 사실들을 더 잘 설명한다고 주장한다. 예수 세미나의 핵심 인물인 존 도미닉 크로산이 복음서 설명들을 재구성했다. 그는 크레이그에 반대해서 예수가 죽었으며 얕은 무덤에 묻혔고 부활이란 없었으며 초대 교회의 창안물이었다고 주장했다.[17] 게르트 뤼데만은 기적을 포스트모던적(이고 비합리적)인 정신상태의 일부라고 여겨 그것을 선험적으로 거부하는 것처럼 보인다. 그는 크레이그에 반대하여 예수의 출현이 부활한 인격의 실제 모습이 아니라 환각이었다는 이론을 발전시킨다.[18] (그리스도인이 아닌) 유대인 신약성경학자 핀카스 라피데가 환각이론을 믿을 수 없다고 여기는 것이 재미있다.

밤새 좌절하고 풀이 죽은 한 무리의 제자들이 근본적인 신앙체험 없이 자기암시나 자기기만에만 근거해서 승리에 찬 신앙운동으로 바뀔 수 있다면, 이것은 부활 자체보다 더 큰 기적이었을 것이다.[19]

---

16) William Lane Craig, "Opening Address", in *Will the Real Jesus Please Stand Up? A Debate Between William Lane Craig and John Dominic Crossan*(Grand Rapids, MI : Baker Books, 1998), 26–29.

17) John Dominic Crossan, "Opening Remarks," in *Will the Real Jesus Please Stand Up? A Debate Between William Lane Craig and John Dominic Crosson*(Grand Rapids, MI: Baker Books, 1998), 26–29.

18) Gerd Lüeman, "Opening Statement," in Paul Copan and Ronald Tacelli, *Jesus' Resurrection: Fact or Figment: A Debate Between William Lane Craig and Gerd Lüdeman*(Downers Grove, IL: InterVarsity Press, 2000), 40–45; 52–55와 60–62, 66–70, 149–161도 참조. 뤼데만의 주장들에 대한 크레이그의 반응도 참조하라.

19) Pinchas Lapide, *The Resurrection of Jesus*(Minneapolis: Augsburg Publishing House, 1983), 126.

비판가들은 4복음서에 나타난 부활 현상들의 세부 내용에 모순이 있다고 지적한다. 그들은 이것을 부활이 거짓이라는 증거로 사용한다.[20] 다른 학자들은 이 모순들이 겉보기에 불과하고 부활이라는 사실을 거짓으로 만들지 않는다고 주장한다. 우리는 서로 다른 허구들의 모음이 아니라 관점의 차이를 발견한다. 이것은 복음서 저자들이 서로 공모했음을 보여주지 않고 복음서의 진정성을 보여준다. 모든 설명은 예수의 죽음과 매장, 부활이 사실이라는 데 분명하게 동의한다. 다양한 학자들이 네 개의 보고들을 종합해서 연대순에 따라 일관된 이야기들로 만들었다.[21]

예수의 신분과 십자가형, 부활의 문제는 학자들의 토론 주제 이상이다. (우리는 이 토론을 간략하게 비추어보았을 뿐이다.) 예수가 충만한 세계관을 분명하게 표현했으며 많은 경우에 그것을 철학적으로 옹호했기 때문에, 예수와 그의 가르침들에 관한 우리의 견해는 우리 자신과 우리의 도덕, 우리가 우주 안에서 차지하는 위치, 죽음 이후의 삶에 관한 물음들도 낳는다. 그런데 예수는 거기서 멈추지 않았다. 만일 기록들을 사실로 받아들일 수 있다면, 예수는 그의 말과 행동을 통해 자신을 궁극적이고 거룩한 실재의 유일무이한 계시자이자 중개자로서, 역사를 이어주는 분으로서, 영원에 이르는 문으로서 나타냈다.

---

20) Michael Martin, *The Case Against Christianity*(Philadelphia: Temple University Press, 1991), 73-104 참조.
21) Murray J. Harris, "A Suggested Harmonization of the Resurrection Narratives," in *Three Crucial Questions About Jesus*(Grand Rapids, MI: Baker Books, 1994), 107-109; and Craig L. Blomberg, *Jesus and the Gospels*(Nashville: Broadman and Holman, 1997), 354-360.

참고문헌

Blomberg, Craig. *The Historical Reliability of the Gospels.* Downers Grove, IL: InterVarsity Press, 1987.

Blomberg, Craig. *Jesus and the Gospels.* Nashville: Broadman and Holman Company, 1997.

Blomberg, Craig. *The Historical Reliability of John's Gospel: Issues and Commentary.* Leicester and Downers Grove: InterVarsity Press, 2002.

Boyd, Gregory A. *Cynic Sage or Son of God?* Wheaton, IL: Victor Books, 1995.

Carpenter, Humphrey. *Founders of Faith: The Buddha, Confucius, Jesus, Muhammad.* New York: Oxford University Press, 1986.

Craig, William Lane, John Dominic Crosson. *Will the Real Jesus Please Stand Up?* Ed. Paul Copan. Grand Rapids, MI: Baker Books, 1999.

Craig, William Lane, Gerd Lüdemann. *Jesus' Resurrection: Fact or Figment?* Ed. Paul Copan, Ronald Tacelli. Downers Grove: IL: InterVarsity Press, 2000.

Davis, Stephen T., Daniel Kendall, and Gerald O'Collins, eds., *The Incarnation.* New York: Oxford University Press, 2002.

Erickson, Millard. *The Word Became Flesh: A Contemporary Incarnational Christol-*

ogy. Grand Rapids: Baker Book House, 1991.

France, R. T. *The Evidence for Jesus*. Downers Grove, IL: InterVarsity Press, 1986.

Funk, Robert, Roy W. Hoover and the Jesus Seminar. *The Five Gospels: The Search for the Authentic Words of Jesus*. New York: Macmillan Publishing Company, 1993.

Green, Joel, Scot McKnight, I. Howard Marshal, eds. *Dictionary of Jesus and the Gospels*. Downers Grove, IL: InterVarsity Press, 1992.

Groothuis, Douglas. *Jesus in an Age of Controversy*. Eugene, OR: Wipf and Stock Publishers. 2002.

Habermas, Gary R. *The Historical Jesus: Ancient Evidence for the Life of Christ*. Joplin, Miss: College Press, 1997.

Holy Bible, New International Version Inclusive Language Edition. London: Hodder & Stoughton, 1996.

Jaspers, Karl. *Socrates, Buddha, Confucius, Jesus. The Great Philosophers*, volume 1, ed. Hannah Arendt, trans. Ralph Manheim. San Diego: Harcourt Brace Jovanovich, Publishers, 1962.

Jenkins, Philip. *The Hidden Gospels: How the Search for Jesus Lost Its Way*. New York: Oxford University Press, 2001.

Lewis, C. S. *Mere Christianity*. New York: Simon and Schuster, 1980; orig. pub. 1943.

Martin, Michael. *The Case Against Christianity*. Philadelphia: Temple University Press, 1991.

Martin, Raymond. *The Elusive Messiah: A Philosophical Overview of the Quest for the Historical Jesus*. Boulder, CO: Westview Press, 1999.

Murray, Michael J., ed. *Reason for the Hope Within*. Grand Rapids, MI: Eerdmans, 1999.

Pagels, Elaine. *The Gnostic Gospels*. New York: Random House, 1979.

Pelikan, Jarosvlav. *Jesus Through the Centuries: His Place in the History of Culture*. New York: Harper and Row, 1985.

Rae, Scott. *Moral Choices*, 2nd ed. Grand Rapids, MI: Zondervan Publishers, 2000.

Robinson, James M., ed. *The Nag Hammadi Library*. San Francisco: Harper and Row, 1988.

Russell, Bertrand. *Why I Am Not a Christian and Other Essays on Related Subjects*. Ed. Paul Edwards. New York: Simon and Schuster, 1957.

Sayers, Dorothy. *Are Women Human?* Grand Rapids, MI: Eerdmans, 1971.

Sheler, Jeffrey. *Is the Bible True?* Grand Rapids, MI: Zondervan Publishers, 1999.

Van Voorst, Robert E. *Jesus Outside the New Testament: An Introduction to the Ancient Evidence*. Grand Rapids, MI: Eerdmans, 2000.

Wright, N. T. *The Challenge of Jesus: Discovering Who Jesus Was and Is*. Downers Grove, IL: InterVarsity Press, 1999.

읽을거리[1]

이 책이 2003년에 출간된 이후 '철학자' 예수를 다룬 책들이 여럿 나
왔다. 그중 대표적인 책들을 읽을거리로 다음과 같이 추천하고자 한다.

1. Cupitt, Don, *Jesus and Philosophy* (SCM Press, 2009)

영국 케임브리지대학교 엠마누엘 칼리지 교수이자 영국 성공회 은퇴
사제인 돈 큐핏은 유대인 선생으로서의 나사렛 예수의 모습에 초점을
두고서, 최근 역사적 예수 연구의 성과를 바탕으로 예수의 도덕철학과
세계관이 무엇인지를 살펴보고자 한다. 기존의 전통적인 신학과는 바탕
을 달리하는 면이 있기에 그 점을 고려하면서 이 책을 읽는 것이 바람직

---

1) 옮긴이 주 : 저자인 그루타이스 교수는 영어본이 출간된 이후에 이 책의 주제와 관련하여 나온 단행본 중에서 중요
한 것들을 추려 한국 독자를 위해 선뜻 읽을거리를 보내왔다. 예수의 철학에 대해 관심 있는 독자에게 크게 도움이 되
리라 생각한다.

해 보인다.

2. Henriksen, *Jan-Olav, Desire, Gift, and Recognition: Christology and Postmodern Philosophy* (Eerdmans, 2009)

노르웨이 신학교 조직신학 교수인 얀-올라프 헨릭센은 예수 이야기
를 포스트모던 철학에 비추어, 특히 자끄 데리다의 "욕망", "선물"(gift),
"재인식"에 비추어 해석한다. 그는 실체나 초월 등과 같은 전통적인 형
이상학의 개념들을 사용하지 않고 기독론을 다시 세워보고자 한다. 그
는 전통적인 교리를 부정하지 않지만, 예수의 삶과 죽음의 의미를 현대
철학과 연결해 생각해봄으로써 현대 그리스도인들에게는 신앙의 기본
을 다시 한 번 생각해보라는 도전을 주며, 현대 신학자들에게는 신학을
사람들의 일상경험과 다시 연결할 수 있는 길을 제시하고자 한다.

3. Wenley, Robert Mark, *Socrates And Christ: A Study In The Philosophy Of Religion* (1889) (Kessinger Publishing, 2009)[2]

4. Kreeft, Peter, *The Philosophy of Jesus* (St. Augustines Press, 2007)

미국 뉴욕의 킹스칼리지와 보스턴대학교에서 철학을 강의하는 피터
크리프트에 따르면, 네 가지 철학적인 질문은 '무엇이 실재하는가?'(형이

---

2) 옮긴이 주 : 웬리에 따르면, 기독교 신학이 외견상 여러 요소를 그리스 철학으로부터 가져온다 해도 유대교 전통의
독특한 특징 때문에 기독교는 본질적으로 그리스적이지 않다. 철학은 기독교에 이르는 길을 준비했지만, 기독교의 본
질을 이루지는 못했다는 것이 이 책의 주장이다.

상학 내지 존재론), '우리는 실재하는 것을 어떻게 아는가?' (인식론), '우리는 누구인가?' (철학적 인간학), '우리는 어떻게 살아야 마땅한가?'(윤리학)이다. 기독교적 관점에서 저술된 이 책은 네 가지 질문에 대한 최종적인 대답이 예수임을 밝힌다. 우리와 함께하시는 하나님(임마누엘)으로서 예수는 사랑이 궁극적 실재임을 입증한다. 성육신하신 하나님으로서 예수는 사랑의 진리를 보여주며, 실제 행함으로써 그 진리를 입증한다. 완전한 신인 동시에 완전한 인간으로서 예수는 인간이 하나님의 형상임을 드러낸다. 윤리적인 질문에 대한 대답은 '나를 따르라', '그리스도를 본받아라' 는 예수의 명령에 있다. 이 책은 네 가지 대답과 관련하여 좀 더 상세하게 논의하며, 유대교와 불교, 힌두교, 이슬람교에 나타난 불완전한 개념들도 설명한다.

5. Moser, Paul K. (ed.), *Jesus and Philosophy: New Essays* (Cambridge University Press, 2008)

폴 모저가 편집한 이 책은 "나사렛 예수가 철학과 무슨 관계가 있는가"라는 물음과 관련하여 저명 신학자들과 철학자들, 성경학자들이 쓴 논문들을 모은 책이다. 1부는 1세기의 지성적, 역사적 맥락에서 예수를 그리며, 지적 영향과 기여, 동시대의 비슷한 사유패턴을 다룬다. 2부는 어떻게 예수가 가장 저명한 중세철학자들 중 두 사람에게 영향을 주었는지 살펴보며, 이후 기독교철학자들에게서 히브리적 사유범주에서 그리스로마적 사유범주로 넘어가는 개념의 전환을 살펴본다. 3부는 예수가 오늘날 중요한 철학적 문제들에 대해, 예컨대 인식론과 삶의 의미에 대해 어떤 의미를 지니는지를 살펴본다. 그런 주제에서 "기독교"가 어떻게 말이 되는가보다는 예수가 그런 문제들에 어떻게 기여하는가가 초점이다.

6. Jaspers, Karl, *Socrates, Buddha, Confucius, Jesus* (Mariner Books, 1966)

20세기 실존철학자 야스퍼스가 예수를 소크라테스, 부처, 공자와 더불어 인류 역사에서 가장 영향력 있는 네 사람으로 놓은 책이다. 한나 아렌트가 편집한 '위대한 철학자들' 시리즈 1권으로 나온 이 책은 이 네 사람이 누구이며, 그 교리들이 무엇이며, 그 영향력이 무엇인지를 살펴본다. 한글 번역본으로는 황필호가 옮긴 『소크라테스, 공자, 석가, 예수, 모하메드』(강남대학교출판부, 2000)가 있다.

찾아보기